70년의 삶에 펼쳐진 꽃길,
아이들의
내일이 되다

70년의 삶에 펼쳐진 꽃길,

아이들의
내일이 되다

대산중학교 지음

차례

3부 배움의 공동체, 함께 성장하다

 **아이들, 배움의 중심에 서다**

행복한 대산중학교 혁신교육 10년을 축하드립니다. '꿈을 키우고 세계
시민으로 함께 성장하는 행복학교'에서 함께 배우고 성장하며 흘린 땀
과 열정이 이 책에 고스란히 담겨 있습니다. 이 변화의 여정은 충남형
혁신학교의 모범이자 우리 교육의 소중한 자산이라 생각 합니다. 앞으
로도 대산중학교가 지역과 함께 성장하는 길잡이가 될 것입니다.

서산교육지원청 교육장 김지용

대산중학교의 지난 10년의 혁신교육은 충남교육과 맞닿아 있습니다. 교직원을 변화의 대상에서 변화의 주체로, 학생을 가르침의 대상에서 배움의 주인공으로, 학부모를 교육 소비자에서 교육공동체의 양육자로, 새로운 학교 문화를 만들어가는 미래교육 본보기학교로 성장하였습니다.

이 책은 대산중학교의 전문적학습공동체, 학생자치활동, 생태숲프로젝트 등 대산만의 특별한 10년 이야기를 담담하게 담아내어 읽는 이에게 깊은 울림과 따스한 공감은 물론 다른 학교의 좋은 길잡이가 될 것입니다. 혁신교육의 밑절미가 된 대산중학교의 '마침보람'을 진심으로 축하합니다.

충남교육청 정책기획과 민미연

혁신의 싹, 열 살이 되다

교장 백정현

혁신학교를 시작한 지 어느덧 10년이 흘렀습니다. 처음 혁신학교에 공모하고 지정되었을 당시, 교사들은 설렘보다는 두려움이 앞섰고, 학부모들은 학교가 어떻게 변화해 갈지에 대한 호기심과 기대의 눈으로 학교를 지켜보았습니다. 학생들 또한 익숙했던 수업 방식과는 다른 수업과 평가 방법에 다소 어리둥절해 하며 새로운 환경에 적응해 나갔습니다.

그로부터 10년. 당시 낯선 수업 방식에 어색해하던 아이들 중 일부는 이제 대학을 졸업하고 사회에 첫발을 내딛고 있습니다. 어느새 우리 학교의 교육이 한 세대의 성장과 삶에 영향을 주었다는 사실에 가슴이 뭉클해지기도 합니다. 우리 학교는 사립학교라는 특성상 교사들의 이동이 거의 없어, 졸업한 학생들이 선생님들을 만나러 종종 학교를 찾습니다. 그들이 건네는 한마디, "선생님 덕분에 학교가 즐거웠어요"라는 말은 지난 시간을 돌아보게 하고, 우리가 걸어온 길이 결코 헛되지 않았음을 확인시켜 줍니다.

이러한 경험은 우리 교육 활동이 올바른 방향으로 꾸준히 나아가고 있었음을 보여줍니다. 혁신학교의 운영은 단순한 프로그램이나 제도 도입을 넘어, 학교 문화와 교육 철학 자체를 변화시키는 과정이었습니다. 처음에는 생소하고 낯설었던 변화가 이제는 우리 학교의 교육과정 속에 자연스럽게 녹아들었습니다. 이는 한두 해의 노력이 아니라 교사들의 실천과 고민, 학생과의 소통, 학부모의 이해와 지지가 오랜 시간 축적된 덕분입니다.

물론 지난 10년의 여정이 늘 순탄했던 것만은 아닙니다. 혁신학교 지정 초기, 수업 변화에 대한 기대감을 품고 함께 출발했던 선생님들 중에서도, 시간이 지나며 학교 경영, 수업 방식, 학생자치, 돌봄과 지원 등 다양한 변화의 흐름 속에서 피로와 혼란을 느끼는 분들도 계셨습니다. 특히 코로나19의 장기화는 기존의 교육 활동에 큰 제약을 가져왔고,

그 과정에서 어렵게 만들어 놓은 혁신의 기반이 흔들리기도 했습니다.

그러나 우리 교직원들은 코로나 사태 이전의 경험을 토대로 다시 교육의 본질을 붙들고, 공동체 안에서 서로를 격려하며 변화에 유연하게 대응했습니다. 비대면 수업과 디지털 기반 교육, 공동체 회복을 위한 다양한 시도들이 이러한 위기를 오히려 성장의 기회로 바꾸어 주었습니다. 지금 우리 학교는 그 어느 때보다 단단해졌습니다.

이 책에는 그간 선생님들이 한 걸음씩 실천해 온 혁신학교 10년의 발자취가 담겨 있습니다. 교육 현장에서 교사 한 사람 한 사람이 만들어 온 변화의 이야기, 그 안에 담긴 철학과 고민, 성찰과 기쁨이 고스란히 담겨 있습니다. 누군가는 "혁신학교라고 해도 다른 학교와 별반 다를 게 없다"고 말할 수도 있겠습니다. 하지만 이 책에 담긴 이야기들은 단지 프로그램 운영 사례가 아닌, 지난 10년간 꾸준히 쌓아온 실천의 결과이며, 학교 문화 속에 뿌리내린 변화의 기록입니다.

교육은 흔히 '끝없는 고행의 길'이라고 합니다. 한 아이를 가르치고 이끌어 어엿한 사회인으로 성장하게 하는 일은 결코 쉽지 않기 때문입니다. 하지만 교사의 길은 언제나 '희망'이 있는 고행입니다. 우리 앞에는 늘 아이들이라는 밝고 따뜻한 빛이 있기 때문입니다. 수업마다, 만남마다 우리는 그 빛을 따라 걷고 있습니다.

　이 책을 읽는 모든 분들이 이 속에서 작게나마 실마리와 아이디어를 얻어 가시기를 바랍니다. 지난 10년간 우리 학교가 걸어온 길이 또 다른 학교와 교육자들에게도 따뜻한 희망을 주고 흔들리지 않는 용기를 북돋울 수 있기를 소망합니다. 그리고 앞으로의 10년도, 아이들의 영롱한 눈빛 속에서 미래를 발견하는 여정을 함께 이어가기를 기대합니다.

1부

수업으로
혁신을 꽃피우다

1장

변화는 질문에서 시작되었다

---
1. 새로운 교육의 방향을 모색하다

교장 백정현

위기를 기회로 바꾼 선택

우리 학교는 충남 서산시 대산읍에 위치한 사립 중학교입니다. 전국적인 저출산과 학령인구 감소 현상 속에서 우리 학교 역시 학생 수가 해마다 줄어들고 있습니다. 특히 사립학교는 학생 수 감소가 곧 학교의 존립 위기로 이어지며, 이는 교직원의 고용안정성과도 직결되는 심각한 문제입니다. 10년 전에도, 지금도, 그리고 앞으로도 '학생이 스스로 찾아오는 학교'를 만드는 것은 우리 학교의 가장 중요한 과제입니다.

10여 년 전, 우리 학교는 교과교실제 도입 이후 실험적 운영의 끄트머리에 서 있었습니다. 앞서 일부 교과에서 n+1 교육과정이 적용되어 기간제 교사를 통해 수업의 다양성과 질을 확보했고, 교사들의 업무도 일정 부분 분산할 수 있었습니다. 하지만 교과교실제의 일몰이 예고되면서, 학생 수와 교원 수 감소에 따른 위기의식이 학교 전체를 뒤덮었습니다.

이러한 배경 속에서 우리 교직원들은 위기를 기회로 삼아 '혁신학교 공모'를 추진하자는 데에 뜻을 모으게 되었습니다. 물론 처음부터 모두가 찬성한 것은 아니었습니다. 반대 의견도 있었지만, 수차례의 교직원 협의회를 통해 차츰 생각이 바뀌었고, 결국 '함께 변화의 길을 가자'는 공감대를 형성하게 되었습니다.

그 이후 교직원들은 경기도의 선진 혁신학교와 선배 혁신학교들을 방문해 다양한 교육과정의 성공과 실패 사례를 직접 듣고 체험했습니다. 또 교육과정 평가회를 통해 다른 학교의 사례 중 우리 학교에 적용할 수 있는 프로그램을 선별하고, 우리 학교의 교육과정과 어떻게 접목할 수 있을지를 면밀히 검토했습니다. 이러한 준비 과정을 거친 끝에, 교직원, 학부모, 운영위원회, 동창회의 적극적인 지지 속에 2016년 드디어 혁신학교로 지정되는 쾌거를 이루었습니다.

세 가지 중점 실천 과제를 정하다

혁신학교 지정 이후, 학교는 변화의 방향성을 정립하고 구체적인 실천 과제를 도출하는 작업에 착수했습니다. 2015년 겨울방학 동안 학교는 모든 교과 및 부서에 '무엇을 어떻게 바꿀 것인가?'라는 공통 질문을 던졌고, 전 교직원이 이에 대한 답을 함께 모색했습니다. 그 결과, 세 가지 중점 과제가 도출되었습니다. 첫째는 '수업의 혁신', 둘째는 '민주적 협의 문화의 정착', 셋째는 '전 교직원이 화합할 수 있는 분위기 조성'이었습니다.

이 세 가지 과제는 이후 10년간 우리 학교 혁신의 핵심축이 되었으며, 지금까지도 교육 공동체가 함께 실천하고자 하는 중요한 가치로 남아 있습니다.

1) 수업 혁신-배움의 주체를 학생에게로

수업 혁신은 하루아침에 이루어지지 않았습니다. 우리는 처음부터 서두르기보다는 기초부터 다지는 데 집중했습니다. 혁신학교 1년 차에는 수업 전문가, 수석교사, 수업에 탁월한 실천력을 지닌 현장 교사들을 초빙해 교직원 연수를 실시했습니다. 또 선진 혁신학교를 직접 방문해 학생 중심 수업, 배움 중심 수업의 실제를 참관하며 생생한 현장의 목소리를 들었습니다. 학교 행정실도 이 연수가 원활히 이루어질 수 있도록 연수비를 별도로 책정해 적극적으로 지원했습니다.

2년 차부터는 교사들이 연수에서 얻은 다양한 수업 기법들을 각자의 교과에 맞게 적용하기 시작했습니다. 거꾸로 수업, 모둠 협업 수업, 토의·토론 수업, 프로젝트 수업 등 다양한 방식이 시도되었으며, 교실의 책상 배치도 기존의 일자형에서 ㄷ자형, ㅁ자형, 모둠형으로 바꾸며 수업 분위기 전환을 시도했습니다. 학생들의 자발적 참여를 유도하는 구조적 환경을 마련하고자 했던 것입니다.

또한, '전문적 학습공동체(PLC)'를 조직하여 매월 2회 정기 모임을 운영하였고, 이를 통해 수업 나눔과 피드백 문화를 자연스럽게 정착시켰습니다. 선생님들은 월 1회씩 자신의 수업을 공개하고, 동료 교사들은 이를 참관하며 특정 학생들의 수업 반응을 관찰·기록했습니다. 수업 평가회에서는 학생의 수업 참여 태도와 수업 효과에 대한 피드백을 공유하면서 교사의 수업 역량과 학생 이해 모두를 심화할 수 있는 구조가 만들어졌습니다.

수업 공개 초기에는 교사들의 부담이 적지 않았지만, 관리자와 혁신부장, 부장 교사들이 먼저 모범을 보였고 학부모와 지역 교원을 초청한 공개수업으로 점차 공개에 대한 두려움을 낮추었습니다. 현재는 순번제를 통해 전 교사가 월 1회 수업을 공개하고 있으며, 이는 수업 혁신의 핵심 문화로 자리 잡았습니다.

2) 민주적 협의 문화-권위에서 공감으로

민주적 협의 문화의 정착은 가장 어려우면서도 중요한 과제였습니다. 불과 10년 전만 해도 선·후배를 따지는 위계 문화가 팽배했고, 사립학교의 특성상 변화가 느리고 폐쇄적인 분위기 또한 존재했습니다.

지시와 수용의 일방적 구조, 침묵이 기본이 된 협의회, 그리고 일부 고참 교사의 독점적 발언 구조는 진정한 '협의'가 아닌 '보고'의 장이 되곤 했습니다.

이러한 문화를 바꾸기 위해 학교는 먼저 회의 시간과 방식부터 개선했습니다. 모든 교직원이 참여할 수 있도록 월요일 오전 8시 20분으로 협의 시간을 조정하고, 학생 등교는 '행복 등교'라는 이름으로 8시 50분으로 늦췄습니다. 월요일 협의회는 무거운 의제 대신 차담회 형식의 가볍고 편안한 분위기에서 운영하고, 실질적인 논의는 수요일 오후 회의에서 진행하는 이원적 협의 시스템을 도입했습니다.

수요일 협의회에서는 시간 준수, 개인 업무 금지, 사전 안건 공유, 발언 기회의 균등 배분 등을 원칙으로 삼고 실천해 왔습니다. 특히 젊은 교사의 발언 기회를 보장하기 위한 노력도 병행되었으며, 협의회에서 결정된 사항은 교장 선생님의 확답 아래 교육과정에 반드시 반영되도록 했습니다.

이러한 변화의 축적은 교직원들 사이의 신뢰를 높였고, 이제는 학년별·부서별 협의회에서도 활발한 의견 교류가 이루어지고 있습니다. 물론 여전히 자유로운 발언이 어려운 분위기나 보이지 않는 위계 의식이 완전히 해소되지는 않았지만, 혁신 전과 비교하면 분명한 진전이 있습니다.

3) 가족 같은 학교 문화-소통과 공감의 바탕 만들기
학교는 다양한 형태의 고용과 직무를 가진 사람들이 함께 일하는 복합 조직입니다. 정규직 교사뿐 아니라 비정규직, 무기 계약직, 시간 강사, 행정직원, 급식실 종사자, 자원봉사자 등 다양한 직종의 사람들이 한 공간에서 협업합니다. 학부모, 동창회, 지역사회 단체와의 관계 또한 얽혀 있습니다.

이처럼 복잡한 조직에서는 업무 충돌과 갈등이 불가피하지만, 서로에 대한 이해와 양보 그리고 소통이 바탕이 된다면 대부분 문제는 원만히 해결할 수 있습니다. 이를 위해 우리 학교는 모든 교직원이 함께하는 다모임 차담회를 마련하고, 생일 축하 등 소소한 일상적 관계 형성 활동을 적극 장려했습니다. 친목회 가입을 유도하고, 월 1회 정기적인 친목 활동을 통해 서로를 이해하고 격려하는 문화를 만들어갔습니다.

또한 1박 2일 교육과정 평가회나 공동 교육과정 기획 워크숍에 전 교직원이 참여하며, 각자의 업무와 협조 사항을 논의하는 시간을 지속적으로 마련해왔습니다. 이러한 노력을 통해 지금은 예상치 못한 업무나 갑작스러운 상황에서도 서로 도와가며 유연하게 해결할 수 있는 분위기가 형성되었습니다.

혁신은 '현재진행형'-새로운 10년을 향해

혁신학교로 지정된 지 어느덧 10년. 그동안 우리 학교에는 많은 변화가 있었습니다. 그러나 학교에 오랫동안 근무한 교사들은 이러한 변화를 체감하지 못하는 경우도 많습니다. 반면, 다른 학교에서 전근 온 교사들은 우리 학교의 수업 방식, 협의 구조, 전반적인 학교 문화를 보며 "이곳이 바로 혁신학교구나"라고 놀라곤 합니다.

그간 해오던 활동이 자연스럽게 교육과정 속으로 녹아들었고, 새로운 시도도 점차 정착되고 있습니다. 물론 아직 시작 단계에 머물러 있는 과제도 있으며, 실행을 위한 논의만 있었던 것들도 있습니다. 그러나 중요한 것은 우리의 혁신이 여전히 '진행형'이라는 사실입니다.

교육은 늘 미래를 향해 나아가는 활동입니다. 지금 이 순간에도 교사들은 아이들과 함께 길을 만들고, 실패 속에서 새로운 길을 찾아가는 교육 여정을 이어가고 있습니다. 우리 교직원 모두는 지난 10년의 혁신 경험을 바탕으로 새로운 10년을 준비하고 있습니다. 2025년을 시작으로 또 다른 도전의 10년이 우리를 기다리고 있습니다.

10년 후, 우리 학교와 아이들은 어떤 모습으로 변해 있을까요? 그 변화의 중심에 '사람'이 있고, 바로 지금의 우리가 있다는 사실을 기억하며, 또 한 걸음을 내딛습니다.

2. 행복 나눔 학교로 이어진 혁신

장학사 조권제

'거꾸로 수업', 교실의 문을 열다

2015년, 대산중학교는 작은 변화의 씨앗을 교실 안에 뿌리고 있었습니다. 그 이름은 '거꾸로 수업'이었습니다. 학생들이 미리 학습 내용을 영상이나 자료로 접하고, 수업 시간에는 토의, 토론, 탐구활동 등을 중심으로 학습을 심화해 나가는 새로운 수업 방식이었죠. 당시만 해도 대부분 학교에선 여전히 교사 중심, 강의 중심의 수업이 주를 이루고 있었기에, 이러한 시도는 꽤나 신선하고 도전적인 실험이었습니다.

거꾸로 수업을 수업 현장에 적용해 나가는 과정에서 교장 선생님께서는 수업을 통해 학교의 분위기를 근본적으로 쇄신하고자 하는 의지를 드러내셨습니다. 수업의 변화를 통해 학생들의 삶과 배움의 태도를 바꾸고, 더 나아가 교사문화와 학교 문화를 바꿀 수 있으리라 기대하셨던 것입니다.

24

그런 가운데, 거꾸로 수업 학습공동체를 이끌고 있던 나에게 2016년 1월, 교장 선생님께서 혁신교육부장을 맡아 줄 수 있겠느냐는 제안을 하셨습니다. 당시에는 나보다 경력이 많으신 선배 선생님들이 많았지만, 모두 고사하셨고, 결국 나는 혁신교육부장의 역할을 맡게 되었습니다. 부담스럽고 두려운 시작이었지만, 이제 와 돌이켜보면 그것이 교육 변화의 첫걸음이자 나 자신의 전환점이기도 했습니다.

'행복 나눔 학교', 낯선 이름 속 담긴 교육적 질문

2015학년도 하반기, 충청남도교육청에서 보낸 '행복나눔학교' 지정을 위한 공문이 일선 학교로 도착했습니다. 처음 그 이름을 들었을 때, 나는 '행복'과 '나눔'이라는 다소 추상적이고 거창해 보이는 단어 조합에 약간의 거리감을 느꼈습니다. 그러나 공문의 내용을 차근히 읽어가면서 점차 깨닫게 되었습니다. 이것은 단순한 제도적 전환이나 시범 사업이 아니라, 기존의 교육을 근본부터 돌아보고, 진짜 배움이 일어나는 학교를 만들기 위한 깊은 성찰과 실천의 과정이라는 사실을요.

교장 선생님, 교감 선생님과 함께 우리는 행복나눔학교 운영을 통해 행정·재정적 지원을 받는 것이 가능하다는 점보다도, 이 철학과 방향이 우리 학교가 가고자 하는 길과 맞닿아 있다는 점에 주목했습니다. 교직원 전체의 의견을 수렴하자는 제안에 따라 전체 회의가 열렸고, 토론과 설득을 거친 끝에 결국 2016학년도부터 대산중학교는 본격적으로 행복나눔학교를 운영하기로 결정하게 되었습니다.

왜 변화해야 하는가-문제의식에서 출발한 결정

대산중학교가 행복나눔학교를 시작하게 된 배경은 단순히 공문 하나로 결정된 것이 아니었습니다. 학교 안팎에는 다양한 문제의식이 존재하고 있었습니다. 당시의 학교 교육은 여전히 지식 전달 중심, 교사 주도형, 입시 위주의 틀에 갇혀 있었고, 그 속에서 학생들은 점차 무기력해지고 있었습니다. 학교는 '안전하지만 재미없는 곳', '친절하지만 질문을 허용하지 않는 곳'이 되어가고 있었습니다. 우리 학교라고 예외는 아니었습니다.

"이대로 괜찮은가?", "지금의 교육이 정말 아이들을 위한 것인가?"라는 질문은 교직원들 사이에서 점점 더 자주 오갔고, 이 질문은 자연스레 '무언가 바꿔보자'는 결심으로 이어졌습니다. 행복나눔학교 신청은 그렇게 학교 전체의 문제의식에서 출발한 결단이었습니다.

함께 설득하고, 함께 결정하다

행복나눔학교 신청은 단지 행정적인 절차를 밟는 것이 아니었습니다. 교직원들과의 수많은 대화와 설득, 교육청 담당 장학사와의 면담, 학교 현실과 행복나눔학교 철학 사이의 간극을 좁히기 위한 수차례의 내부 토론이 필요했습니다.

무엇보다 중요한 것은 '공감대 형성'이었습니다. 왜 이 길을 가야 하는지, 무엇이 어떻게 바뀔 수 있는지에 대해 교사 개개인이 스스로 납득하지 못하면 변화는 절대 뿌리내릴 수 없음을 알고 있었기 때문입니다. 함께 설득하고, 함께 결정하며 '우리가 왜 이 길을 선택했는가'를 계속해서 되새기는 과정이었고, 이는 교육을 향한 철학적 전환이기도 했습니다.

낯설고 두려운 변화의 길, 함께 걸어가기

행복나눔학교로 지정된 후 본격적인 운영이 시작되었고, 우리 학교의 변화는 가속도를 타기 시작했습니다. 무엇보다 중요한 것은 '신뢰'였습니다. 교사, 학부모, 학생이 각자의 자리에서 의미 있는 주체로 참여하도록 운영 방향을 설계하고 조율해 나갔습니다.

초기에는 우려와 오해도 많았습니다. "이런 방식으로 수업을 하면 성적이 떨어지는 것 아니냐"는 학부모의 걱정, "새로운 수업법을 적용하면 진도는 어떻게 맞추냐"는 교사의 우려, "다른 학교에서 먼저 하는 것 보고 괜찮으면 우리도 하자"는 조심스러운 목소리까지, 변화의 길은 항상 낯설고 두려운 것이었습니다.

그러나 교장 선생님께서 학부모 설명회를 직접 이끌며 신뢰를 얻었고, 교직원들에게도 '사립학교로서 우리 학교가 스스로 살아 남기 위해 필요한 길'이라는 점을 끊임없이 강조하셨습니다. 우리는 '함께 결정하고, 함께 돌아보며, 한 걸음씩 나아가는 것'이 유일한 해법이라는 사실을 깨달아 갔습니다.

수업을 바꾸는 일, 철학을 바꾸는 일

수업의 변화를 위한 실천도 본격화되었습니다. 거꾸로 수업 학습공동체를 중심으로 교사들은 수업을 자율적으로 공개하기 시작했고, 이를 서산지역의 타 학교 교사들에게도 개방하여 2차례에 걸친 수업 나눔 행사를 진행했습니다.

하지만 이것은 단순한 '방법'의 문제가 아니었습니다. 학생 참여 중심 수업, 과정 중심 평가, 협력적 학급 운영 등은 교육 철학의 전환이 필요했습니다. '가르치는 사람'에서 '함께 배우는 사람'으로 교사의 정체성을 다시 정의하는 일이었고, 수업을 중심으로 학교 문화를 바꾸는 일이었습니다.

행정적 평가, 외부 시선, 진도 압박 등 현실적 제약도 만만치 않았습니다. '행복나눔학교'라는 타이틀 아래 무엇이든 더 잘해야 한다는 압박감은 때로는 교사들에게 심리적 부담으로 다가오기도 했습니다. 하지만 우리는 그 안에서도 '작은 변화'의 증거들을 발견하며 다시 힘을 얻었습니다.

학생의 눈빛이 말해주는 변화

가장 먼저 달라진 것은 교실의 분위기였습니다. 아이들은 변화를 느끼고 있었고, 수업을 기다리는 표정에서 기대감이 읽혔습니다. 발표를 망설이던 아이가 친구에게 문제를 설명하고, 무기력하던 아이가 학급회의에서 손을 들기 시작했습니다. 교사들도 변화에 대한 열의를 보이기 시작했고, 거꾸로 수업 공동체에 자발적으로 참여하고자 하는 분들이 늘어났습니다.

또한, 학생의 의견을 반영해 공동으로 수업을 설계하는 시도도 이어졌습니다. 교사와 학생이 함께 만드는 프로젝트 수업은 단지 내용만 바뀐 것이 아니라, 배움의 주체가 변화했음을 보여주는 상징적인 사례였습니다. 우리는 교사로서 스스로 배우고, 서로를 성장시키는 공동체로 변화하고 있었습니다.

교육공동체로 거듭나다-함께 만들어가는 학교

행복나눔학교를 운영하면서 가장 뚜렷하게 체감한 변화는 '협력'의 문화였습니다. 과거에는 관리자 중심의 의사결정 구조가 지배적이었다면, 이제는 교사, 학생, 학부모가 함께 의견을 나누고 결정하는 구조가 자리를 잡아가고 있습니다. 물론 과정은 더디고 번거로울 때도 많지만, 그만큼 신뢰의 깊이도 깊어졌습니다.

학교는 단순한 지식 전달의 공간이 아니라, 함께 살아가는 '작은 사회'로 변화하고 있었습니다. 아이들이 자신의 목소리를 내고, 선생님들이 서로를 존중하며 배우고, 학부모가 학교에 신뢰를 보내는 이 관계망 속에서 '살아 있는 교육'이 실현되고 있었습니다.

끝나지 않은 여정, 계속되는 질문

돌이켜보면, 행복나눔학교는 단지 수업을 바꾸는 프로젝트가 아니었습니다. 그것은 우리에게 '왜 교육을 하는가?'라는 본질적인 질문을 던졌고, 교사로서의 정체성과 교육에 대한 믿음을 다시 붙들게 해준 시간이었습니다. 나 자신 역시 그 여정 속에서 '가르침'보다 '함께 배움'의 가치를 더 깊이 이해하게 되었고, 동료들과 함께 성장하는 기쁨을 누릴 수 있었습니다.

물론 아직도 풀어야 할 숙제는 많습니다. 변화는 언제나 과정 중에 있고, 이상과 현실 사이의 간극은 계속해서 질문을 던지게 만듭니다. 그러나 분명한 것은 있습니다. 행복나눔학교는 우리 학교를, 그리고 나 자신을 진심으로 변화시켰다는 것. 그 변화는 지금 이 순간에도 계속해서 자라고 있다는 것입니다.

수업에서 시작된 변화

---

2장

1. '수포자'도 춤추게 한 교실, 배움의 즐거움을 되찾다

교사 유민정

"수학이 너무 싫어요"

제가 처음 대산중학교에 왔을 때, 가장 먼저 마주한 현실은 학생들이 수학을 너무도 싫어한다는 것이었습니다. 수업 시간 내내 무기력한 표정, 문제 풀이를 포기하는 태도, 교사가 아무리 말해도 마음의 문을 열지 않는 눈빛들……. 처음엔 당황했고, 시간이 지날수록 마음이 무거워졌습니다.

'어떻게 하면 수학 수업이 조금이라도 즐거워질 수 있을까?' 이 질문이 제 머릿속을 떠나지 않았습니다. 수학을 좋아하게 만들 자신은 없었지만, 적어도 '싫지 않다'는 마음을 품게 하고 싶었습니다. 수업 시간만큼은 겁내지 않고 손을 들어보는 아이들, 답을 틀려도 웃을 수 있는 분위기, 그런 교실을 꿈꾸게 되었습니다.

혼자 하는 수업 방법 개선의 고단함

그때부터 수업을 바꾸기 위한 작은 시도들을 시작했습니다. 기존의 강의식 수업을 과감히 줄이고, 학생들이 스스로 사고하며 친구들과 함께 문제를 해결할 수 있도록 활동지를 새롭게 만들었습니다. 단순히 문제 풀이를 반복하기보다는, 학생들이 서로의 생각을 듣고 나누며 스스로 답을 찾아가는 과정을 중요하게 여겼습니다.

교실 밖에서도 배움이 이어지길 바라는 마음에, 제가 직접 수업 영상을 촬영해 밴드에 올려 복습과 자기 주도 학습을 유도하기도 했습니다. 어떤 날은 촬영 장비도 없이 핸드폰 하나로 밤늦게까지 영상을 찍고 편집했지만, 그만큼 학생들에게 더 다가가고 싶었습니다.

하지만 혼자 감당하는 수업 혁신은 생각보다 훨씬 버거웠습니다. 좋은 수업을 만들고 싶다는 열정만으로는 벽을 넘을 수 없었습니다. 아이디어는 넘쳤지만, 그것을 점검하고 다듬어 줄 누군가가 필요했습니다. 동료 교사들과 수업에 대해 깊이 나눌 수 있는 구조가 없는 상태에서 저는 자주 지쳤고, 때론 이 길이 맞는지 혼란스럽기도 했습니다.

혁신학교, 나에게 날개를 달아주다

그러던 중 2016년, 대산중학교가 혁신학교로 지정되면서 제게는 전환점이 찾아왔습니다. 학교 안에 전문적 학습공동체가 꾸려지고, 마침내 제 고민을 함께 나눌 수 있는 동료들을 만나게 된 것입니다. 우리는 서로의 수업을 참관하고, 수업 후에는 함께 모여 허심탄회하게 이야기를 나누었습니다. "이 활동지는 이런 순서로 바꾸면 좋겠다", "학생 참여를 더 유도하려면 이런 방식도 있다"는 피드백은 제 수업을 더 다듬게 해주었고, 더 깊이 있게 성장할 수 있도록 도와주었습니다.

그 시기, 혁신부장이셨던 선생님께서 제 수업을 보시고 조언해주셨습니다.

"지금 이 수업을 조금만 더 다듬으면 배움 중심 수업이 될 거예요."

그리고 학생들의 복습을 돕기 위해 만든 수업 영상을, 수업 전에 개념을 익히도록 구성하면 그 당시 전국적으로 열풍이 불었던 '거꾸로 수업'이라는 형태로 더욱 발전시킬 수 있다는 말씀도 해주셨습니다.

그 말씀이 제게는 새로운 시야를 열어주었고, 제가 고민하며 실천해온 방향이 결코 틀리지 않았다는 확신을 주었습니다. 저 혼자만의 시도였던 수업 변화가 교육 현장의 흐름과 연결되어 있다는 사실이 무척 든든했습니다.

조용했던 교실, 아이들의 목소리로 살아나다

수업 방식이 바뀌자 교실의 분위기도 점차 변하기 시작했습니다. 묵묵히 교사의 설명을 듣고 문제를 푸는 수동적 수업에서 벗어나, 아이들이 스스로 말하고 묻고 설명하는 교실로 변화해 갔습니다. 문제를 푸는 방식보다 함께 풀어가는 경험이 중요해졌고, 그 과정 속에서 학생들의 표정도 달라지기 시작했습니다. 처음엔 익숙하지 않아 어색해하던 아이들도 점차 '생각을 말하는 즐거움'을 배우기 시작했고, 교실은 활기차고 에너지가 넘치는 공간이 되어 갔습니다.

그 변화는 학교 안에서 멈추지 않았습니다. 몇몇 선생님들로 시작된 수업 혁신은 점차 학교 밖으로도 확장되었습니다. 관내 학교에 공문을 보내 다른 학교 선생님들과 수업을 공개하고 공유하는 자리를 마련했습니다. 그 시간들은 단순한 연수가 아니라, '배움이 있는 교실이란 무엇인가'를 함께 묻고 실천하는 시간이었습니다. 수업을 함께 바라보고 나누는 그 자체가 교육의 본질을 회복하는 일이었고, 저 자신도 수업이 끝날 때마다 교사로서 다시 태어나는 기분을 느꼈습니다.

"선생님, 수학 시간이 너무 좋아요~"

그 변화의 한가운데에서, 지금도 잊히지 않는 한 학생이 있습니다. 수업 방식을 바꾼 뒤 입학한 신입생 한 명이 수업이 끝날 때마다 친구들이 모두 나가기를 기다렸다가 제게 다가와 "선생님, 저는 수학 시간

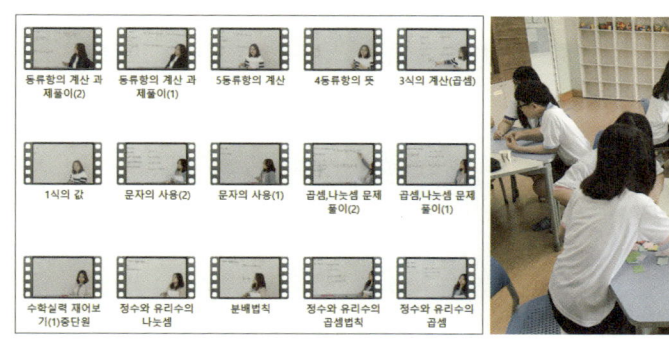

거꾸로 수업 영상들

수업시간 활기찬 학생들

이 너무 좋아요~"라는 말을 매일 해주고 갔습니다. 처음엔 수학을 좋아하는 학생이겠거니 생각했지만, 나중에 알고 보니 그 학생은 초등학교 시절 수학을 포기했던 기초학력 미달 학생이었습니다. 수학이 너무 어려워 늘 피하려고만 했던 아이가, 제 수업이 즐겁다고 말해주었을 때 저는 마음 깊이 울림을 느꼈습니다.

그 아이의 표정, 말투, 눈빛은 지금도 생생합니다. 그리고 그 말은 단순한 칭찬 이상의 의미였습니다. 수학에 대한 두려움을 조금씩 걷어내고, 스스로 참여하며 성취를 느끼기 시작한 그 아이의 변화는 제 수업의 방향이 옳았음을 말해주고 있었습니다.

그날 저는 혼자 마음속으로 다짐했습니다.

"백 점을 맞게 하지는 못하더라도, 수학이 즐거운 일이라는 느낌을 심어주자. 그리고 언젠가 스스로 공부하고 싶다는 마음이 들었을 때, 다시 시작할 수 있는 힘을 가진 아이로 키우자."

내가 '혁신'을 믿게 된 이유

그런 학생들이 늘어가면서 저는 다시 한번 확신하게 되었습니다. 학생이 중심이 되는 수업, 배움의 기쁨을 경험하게 하는 수업이야말로 학교가 존재하는 이유라는 것을요. 그리고 그 변화를 가능하게 해주는 제도적 틀이 바로 혁신학교라는 사실을 분명히 느꼈습니다.

혁신학교는 단순한 행정이나 시책의 변화를 뜻하는 게 아닙니다. 수업을 중심에 두고, 교사의 열의를 동력으로 하여, 아이들의 변화를 이끌어내는 살아 있는 시스템이라는 것을 저는 직접 경험했습니다.

수업이 바뀌어야 학교가 바뀌고, 교사가 변해야 학생의 삶이 바뀝니다. 그 사실을 몸으로, 마음으로, 아이들의 반응으로 확인하며 저는 이 길을 계속 가고 싶다고 느꼈습니다.

끝나지 않은 질문, 계속되는 여정

학생들은 계속 변화하고 있고, 세상도 빠르게 달라지고 있습니다. 그렇기에 교사의 수업도 늘 변화해야 한다고 생각합니다. 지금도 저는 수업을 연구하고, 새로운 시도를 멈추지 않고 있습니다. 책을 주의 깊게 읽고, 다른 선생님의 수업을 보고, 학생의 한 마디에 귀 기울이며 저 자신도 매일 배우고 있습니다.

당장의 성과가 보이지 않을 수도 있습니다. 하지만 어느 날 졸업한 제자가 학교에 찾아와

"선생님 수업 덕분에 혼자 공부하는 데 정말 큰 도움이 되었어요"라고 말해줄 때면, 그 한마디가 저의 모든 고민과 노력에 대한 답이 되어줍니다.

수업을 바꾸는 일! 그것은 지금까지, 그리고 앞으로도 제가 교사로서 가장 중요하게 생각하는 일입니다. 저는 학생들과 함께, 살아 있는 수업을 만들어가기 위해 계속해서 고민하고 도전할 것입니다.

2. 낭독극으로 국어 수업하기

교사 이랑희

"교사는 수업으로 말합니다"

수업 나눔 후 교장 선생님께서 "교사는 수업으로 자신의 정체성을 말합니다"라는 말씀을 하신 적이 있습니다. 난 스스로에게 질문을 던졌습니다. '나는 어떤 수업을 하고 있나?', '잘 가르치고, 배우는 것은 어떤 것인가?' 이런 복잡한 마음으로 수업에 들어갔을 때 학생들의 목소리가 들려왔습니다. "와~ 선생님, 이 글 왜 이렇게 길어요?", "이거 수업 시간에 다 읽는 거예요?"

짧은 영상을 보는 것에 익숙한 아이들이 교과서의 텍스트를 읽고, 이해하는 것은 쉬운 일이 아닙니다. "심심한 사과를 드립니다"라는 글을 읽고, "왜 사과를 재미없게 하냐"고 묻는 내용이 교과서에 실리는 요즘의 세태를 생각해 보면 이런 교실 풍경이 낯설지만은 않습니다. 아이들이 지루하지 않게 글을 읽고 배우며 자신의 삶과 연결하여 성장할 수 있도록 돕는 방법을 고민했습니다.

낭독극, 학생들의 목소리로 피어난 배움의 장

교실이라는 공간을 넘어, 아이들이 살아 있는 언어와 함께 호흡하며 진정한 배움의 주체가 되는 수업을 늘 고민해왔습니다. 주입식 교육이 아닌, 아이들 스스로가 질문하고 탐구하며 해답을 찾아가는 과정이야말로 진정한 배움이 일어나는 순간이라 생각했기 때문입니다. 이런 고민의 끝에서, '낭독극'이라는 활동이 국어 수업에 잘 어울리겠다는 생각이 떠올랐습니다. 글을 읽고, 이해하고, 나아가 직접 글 속의 인물이 되어 목소리를 내어 표현하는 과정이 글의 내용과 자신의 삶을 연결하여 공감하고, 삶의 지혜를 배우는 방법이 되리라 판단했습니다.

그러나 낭독극 수업이 처음부터 완벽하게 잘 진행된 것은 아니었습니다. 그 과정은 설렘과 도전의 연속이었습니다. 처음에는 "선생님, 무슨 책 읽어요?", "이 책 읽다 보니 무슨 말인지 모르겠어요", "선생님, 책 읽기만 하면 안 돼요?", "대본 쓰는 게 이렇게 어려운 일인 줄 몰랐어요", "선생님 꼭 다른 친구들 앞에서 연기해야 해요?"라는 아우성이 쏟아지기도 했습니다. 실제로 책을 끝까지 못 읽는 학생도 있었고, 책의 내용을 대본으로 각색하는 것이 어려워 마무리가 안 되는 모둠이 있기도 했습니다. 대본을 직접 쓰고 캐릭터의 감정을 분석하며 목소리로 표현하는 것은 아이들에게 큰 과제였고 그 안에서 소소한 갈등도 일어났습니다.

하지만 시간이 흐를수록 아이들의 눈은 점차 빛나기 시작했습니다. 처음에는 낯설고 어려웠던 과정도 점차 즐거운 도전으로 바뀌고 있다는 것을 아이들이 만들어 내는 소리로, 행동으로 알 수 있었습니다. 낭독극의 매력은 단순히 주어진 대본을 읽는 것을 넘어, 스스로 이야기를 해석하고 등장인물의 감정을 탐색하며 자기만의 목소리로 캐릭터를 만들어 내는 데 있는데 아이들이 조금씩 이 과정을 즐기고 있었습니다. 점차 진지한 연기에 웃음소리가 나기 시작했고, 감탄하는 소리가 나기도 했습니다. 한 학생은 "선생님, 처음에는 책 읽는 것도 힘들었고, 대본 쓰는 건 더 힘들었어요. 그런데 친구들이랑 같이 한 작품을 완성하고 연기하니까 내용도 더 잘 이해되는 것 같고 재밌어요. 공연 준비하는 동안 많은 걸 배웠고, 무엇보다 정말 즐거웠어요! 또 해요!" 아이들이 이렇게 말해주는 것만으로도 이 수업은 성공이었습니다.

협업으로 함께한 성공의 경험

가장 인상 깊었던 것은 바로 '협업'의 과정이었습니다. 아이들은 낭독극을 준비하며 하나의 팀을 이루고, 함께 같은 글을 읽고, 생각을 나누었으며 글에 대한 질문을 던지고 서로의 생각으로 그 질문에 대한 답을 찾아 나갔습니다. 또 각자의 역할을 나누어 맡은 역할을 다 해내기 위해 노력했습니다. 자신이 맡은 역할을 다 해냈을 때 하나의 작품이 완성된다는 것을 몸소 체험한 것입니다. 어떤 모둠은 역할 나누기나 대본의 방향을 두고 의견 충돌이 일어나기도 했고, 어떤 모둠은 약속된 시간까지 누군가 대본을 쓰지 못했다거나 맡은 역할을 다하지 못한다며 갈등하기도 했습니다.

그러나 이 과정에서 제가 특별히 개입하지 않아도, 아이들은 스스로 머리를 맞대고 고민하며 최적의 해결책을 찾아 나갔습니다. 때로는 '그냥 두어도 될까? 저러다 싸우면 어쩌지?', '저러다가 완성을 못 하면 평가는 어떻게 하지?'하는 걱정이 들기도 했지만 교사가 학생을 믿고 기다려주는 것이 아이들이 성장하는 데 가장 필요한 것이라 믿었습니다. 결국 아이들은 더 나은 결과물을 만들어 내기 위해 노력했고, 문제 해결 능력을 키우고, 타인의 의견을 경청하며, 협력하는 힘을 키워나갔습니다. 그 모습이 참 기특했습니다.

또한, 아이들이 자신의 목소리로 직접 등장인물이 되어 연기하면서, 책의 내용을 훨씬 더 깊이 있게 이해하는 모습을 볼 수 있었습니다. 단순히 눈으로 글자를 읽어 내려가는 것이 아니라, 그 인물이 되어 대사를 뱉어내고 감정을 표현하는 과정에서 작가가 의도했던 바는 물론, 행간에 숨겨진 의미와 메시지까지 자연스럽게 파악하는 것이었습니다.

이러한 과정을 통해 무대 위에서 공연을 시작했을 때 아이들은 비로소 자신이 이 삶의 주인공이라는 것을 만끽하는 듯했습니다. 때로는 성적으로, 때로는 말주변으로, 때로는 특출난 능력으로 평가받기에, 좋은 평가를 받지 못하면 주목받지 못하고 스스로를 주변인으로 여기기도 했을 아이들입니다. 하지만 무대 위의 자신을 주인공이라고 느끼고, 그 순간을 자신의 힘으로 만들어 내는 것이라는 생각을 했다면 이 시간이 아이들에게 의미 있는 시간이고, 이 수업이 가치 있는 수업인 것이 아닐까 라는 생각을 했습니다.

　낭독극 수업은 저에게도 많은 것을 가르쳐 주었습니다. 때로는 진도가 더디거나, 아이들이 힘들어하는 모습을 보며 조급한 마음이 들기도 했습니다. 하지만 아이들이 스스로 문제를 해결하고, 협업을 통해 함께 성장하며, 자신의 목소리를 찾아가는 모습을 지켜보면서, 저는 교사의 역할이 단순히 지식을 전달하는 것을 넘어 아이들의 성장을 위한 '안내자'이자 '조력자'임을 다시 한번 깨달았습니다.

삶의 무대에서 당당히 제 목소리를 내는 사람

　낭독극 수업이 그저 재미있는 수업에만 머무는 것이 아니라 아이들이 국어의 아름다움을 깨닫고, 타인과 소통하고 협력하는 방법을 배우는 시간이 되었기를 바랍니다. 무엇보다 자신의 목소리와 가능성을 발견하는 경험이 되었으면 합니다. 교실을 넘어 삶의 무대에서 자신의 목

낭독극으로 국어 수업하기

소리로 당당하게 이야기를 풀어나갈 아이들의 오늘과 내일을 응원합니다. 아이들의 반짝이는 눈빛과 소중한 배움의 순간들은 앞으로도 저의 교사로서의 여정에 큰 힘이 될 것입니다.

3장

자율동아리, 날개를 달다

1. 함께 만든 날개, 더불어 날아 오르다

교사 조윤수

자율동아리를 주제로 글을 써달라는 부탁을 받았을 때, '무엇부터 써야할까?' 하는 생각에 막막하기만 했습니다. 머릿속에 떠오르는 건 없고, 시간만 흘러가는 느낌이었습니다. 그러던 중 문득, 오래된 컴퓨터실을 새롭게 리모델링하던 시절이 떠올랐습니다. 이야기를 시작하기에 좋은 지점이겠다 싶어, 이제 5년 전으로 거슬러 올라가 보려 합니다.

당시 저는 대산중학교에 부임한 지 1년도 채 되지 않았던 신참 교사였습니다. 학교 적응에 바쁘던 어느 날, 교장 선생님께서 컴퓨터실이

리모델링 전 컴퓨터실 모습　　　　　　　리모델링 후 컴퓨터실 모습

너무 낡았으니 사업을 신청해 리모델링을 해보는 게 어떻겠느냐고 제안하셨습니다. 속으로는 '안 해도 되는 일을 굳이 시키시네……'라는 생각이 스쳤지만, 그 제안이 제 교직 인생에서 가장 뜻깊은 시작이 될 줄은 그때는 미처 몰랐습니다.

새로운 공간, 새로운 시작 – 드론 축구 동아리

컴퓨터실 리모델링이 마무리되자, 교장 선생님께서는 '드론 축구' 자율동아리를 운영해보는 것이 어떠냐고 다시 제안하셨습니다. 드론 축구라니요? 정보 담당 교사이기는 했지만, 당시 저는 드론에 대해 아는 것이 거의 없었습니다. TV 뉴스에서나 접했던 것이 전부였지요. 하지만 교장 선생님의 제안 한마디에, 저는 매주 토요일과 일요일마다 천안과 아산에 있는 드론 축구 교육장을 찾아다니며 연습을 시작했습니다.

그렇게 준비를 마친 후, 드론 축구 자율동아리를 개설했는데 생각보다 학생들의 반응이 뜨거웠습니다. 과연 몇 명이나 참여할까 걱정했지만, 첫 수업에 15명이 넘는 학생들이 몰려들었습니다. 처음엔 학생들끼리 그저 재미있게 드론을 날리는 시간을 만들어 주면 되겠지 싶었지만, 그 생각은 첫 수업에서 완전히 깨졌습니다.

　　"선생님, 이거 어떻게 해요?"라고 묻는 1학년 학생들의 반짝이는 눈빛에 저는 금세 사로잡혔습니다. 자연스럽게 매일같이 드론 축구 관련 자료를 찾고, 기술을 익히며 더 나은 수업을 고민하게 되었습니다.

　　한 학기를 지나며 어느 정도 실력을 갖췄다고 판단한 우리는 충남교육청 주관 대회에 출전하게 되었습니다. 그 대회가 우리 학교의 첫 출전이었는데, 놀랍게도 우승이라는 쾌거를 이루었습니다. 기대 반, 호기심 반으로 출전했던 경기였기에 그 기쁨은 더 컸습니다. 돌아오는 차 안은 그야말로 잔칫집 분위기였습니다. 그리고 다음 해에도 우승, 2년 연속 우승이라는 놀라운 결과를 만들어 냈습니다.

　　세 번째 우승을 향해 연습하던 중, 아쉽게도 대회가 열리지 않는다는 소식을 들었습니다. 학생들과 함께 아쉬워하던 중, 마침 서산시에서 주최하는 드론 축구 대회가 열린다는 소식을 접했고, 학생들은 자발적으로 참여를 희망했습니다. 그 결과는 또다시 '우승'. 아이들의 열정과 노력이 결실을 맺는 순간이었습니다.

　　드론이 처음 바닥에 추락했을 때의 당황스러움, 여름방학 동안 땀흘리며 연습했던 기억, 피자 한 조각에도 크게 기뻐하던 아이들의 모습이 지금도 눈에 선합니다. 이후 우리 학교는 지역 내 드론 축구 거점학

드론 축구대회 우승 후

교로 자리매김하게 되었고, 방송 출연의 기회도 생겼습니다. 3학년 주장을 데리고 방송국 녹화 대기실에 앉아 "우리 떨고 있냐?"며 나눈 농담은 지금도 잊을 수 없는 추억으로 남아 있습니다. 이 아이들이 앞으로 어떤 길을 가더라도, 중학교 시절 친구들과 함께 흘린 땀과 노력의 시간은 평생 잊지 않기를 진심으로 바랍니다.

또 하나의 도전 – 인공지능 자율동아리

창의융합 정보교육실로 새롭게 탈바꿈한 컴퓨터실에서, 저는 또 하나의 새로운 도전에 나섰습니다. 바로 인공지능AI을 주제로 한 자율동아리였습니다. 사실 드론 축구만큼이나 인공지능도 저에게는 낯설고 두려운 영역이었습니다. 당시 대한민국은 사회 전반에 걸쳐 4차 산업혁명과 인공지능이 최대의 화두였지만, 저에게는 여전히 낯선 단어였습니다.

그런데 그때, 지금은 고인이 되신 고故 김기웅 교장 선생님께서 또 한 번 용기를 주셨습니다. 학생들과 늘 함께 뛰고 땀 흘리시던 그분은 어느 날 저에게 해맑은 웃음으로 이렇게 말씀하셨습니다. "조 선생님, 요즘은 인공지능이 대세여~" 그 말씀 한마디가 제게 전환점이 되었습니다. 비싼 장비를 들여놓고도 기존 방식의 수업을 반복하던 제 모습에 저도 답답함을 느끼던 참이었습니다.

하지만 우리 학교는 소규모 학교라 학생 수가 적고, 이미 다른 동아리에 소속된 학생도 많아 인공지능 자율동아리를 꾸리는 일이 쉽지 않았습니다. 고민 끝에 제가 찾은 해답은 '수업을 동아리처럼 운영하자'는 것이었습니다. 딱딱한 지식 전달식 수업을 지양하고, 학생들이 문제를 스스로 정의하고 해결 방법을 탐색하며 직접 실행하는 프로젝트 수업으로 전환했습니다.

물론 처음에는 시행착오도 많았습니다. "어렵다", "잘 모르겠다"는 말이 많았지만, 시간이 흐르면서 아이들은 실패를 두려워하지 않게 되었습니다. "이건 안 되네요. 다른 방법으로 해볼까요?"라는 말이 자연스럽게 오가는 모습은 저에게 큰 감동이었습니다. 문제 해결에 성공했을 땐 학생들과 함께 환호하며 기쁨을 나누었습니다.

그렇게 수업을 통해 아이들의 가능성을 하나하나 발견하게 되었습니다. "시준이는 발표력이 좋구나", "종원이는 관찰력이 뛰어나네", "지호는 코딩을 잘하네", "광현이는 리더십이 있구나", "민준이는 엉뚱한 듯 보이지만 상상력이 대단하네." 자연스럽게 팀이 만들어졌고, 학생들은 자발적으로 방과 후와 주말을 이용해 연습하며 각종 대회에 도

▲
인공지능 동아리 활동 모습

▲
해커톤 대회 수상 후

전했습니다. 대회에서 수상하는 것도 기쁘지만, 그보다 더 감동적인 것은 아이들이 스스로 변화하고 성장하는 모습을 지켜볼 수 있었다는 점입니다.

함께한 그 시간이 가장 소중한 보상

돌아보면, 혁신학교에서 보낸 5년은 제 교직 생활 중 가장 힘들었고, 가장 행복했으며, 가장 큰 성장을 이룬 시간이었습니다. 자율동아리를 통해 학생들의 열정과 가능성을 함께 경험하며, 교사로서도 끊임없이 도전하고 성장할 수 있었습니다.

이 자리를 빌려, 그동안 함께해 준 학생들과 동료 교사들께 진심으로 감사의 마음을 전합니다. 부디 우리가 함께한 시간들이 오래도록 마음에 남아, 미래와 실패를 두려워하지 않고 자신만의 길을 당당히 걸어가는 힘이 되어주기를 바랍니다. 화이팅입니다!

2. 수학은 예술이다, MIA와 함께한 10년

교사 유민정

'또 하나의 활동'에서 '진짜 동아리'로

처음 대산중학교에 왔을 때, 저는 매년 수학 자율동아리를 운영하곤 했습니다. 당시에도 수학을 좋아하거나, 공부에 관심 있는 몇몇 학생들과 나름의 활동을 해왔습니다. 그러나 지금 생각해 보면 그 활동들은 매년 구성원이 바뀌고, 별다른 연계 없이 흩어지는 '연례행사'에 불과했습니다. 동아리 구성원들 사이에는 소속감도, 지속적인 관계도 없었습니다.

그러던 2015년, 뭔가 달랐습니다. 유난히 적극적이고, 선생님의 제안에 긍정적으로 반응하며 따라주는 신입생들이 눈에 띄었습니다. 그 학생들을 보며 "이번에는 진짜 '제대로 된 동아리'를 만들 수 있겠다"는 생각이 들었고, 본격적으로 수학 자율동아리 학생 모집에 나섰습니다. 평소 수업 시간에 질문이 많고 호기심이 풍부하던 학생들이 대거

지원하면서, 동아리의 분위기는 시작부터 활기찼습니다.

Math Is Art, MIA의 탄생

그해 새롭게 구성된 동아리 학생들과 우리는 우리만의 이름을 만들기로 했습니다. 며칠을 함께 고민한 끝에 나온 이름이 바로 MIA. "Math Is Art"의 줄임말로, '수학은 예술이다'라는 의미였습니다. 누군가 "왜 이런 이름을 지었어?"라고 묻자, 학생들이 이렇게 말했습니다.

"수학을 배울수록 예술처럼 아름답고 재미있어요."

그 한마디에 저는 벅차오르는 감동을 느꼈습니다. 그동안 "수학 왜 배워요?", "수학 너무 싫어요!"라고 외치는 학생들의 말에 상처받기 일쑤였던 저에게, 처음으로 수학이 아름답다고 말해주는 아이들이 생긴 것입니다. 바로 그 순간부터 MIA는, 학생들이 주도하고 교사가 함께 배우는 진정한 자율동아리로 자리 잡기 시작했습니다.

파이 데이와 '수학과 친해지는 주간'

MIA의 전통은 매년 3월부터 시작됩니다. 개학하자마자 정신없이 준비하는 것이 있으니, 바로 '수학과 친해지는 주간'입니다. 특히 3월 14일 파이 데이π Day를 중심으로 한 주간 동안 다양한 수학 체험행사와 전시를 기획하며, 수학과의 거리를 좁히는 활동을 전개합니다.

포스터 제작, 프로그램 기획, 행사 진행까지 모두 2~3학년 동아리

파이 데이 풍경

선배들이 중심이 되어 운영하고, 신입 동아리원들은 선배들의 활동을 보며 자연스럽게 '배움의 전통'을 이어갑니다. 활동의 목적은 명확합니다. 수학이 어렵고 멀게 느껴지는 것이 아니라, 실생활에 유용하고 재미있고 때로는 아름답기까지 한 과목이라는 것을 경험하게 하는 것입니다.

파이 데이에는 π를 이용한 몸으로 파이 만들기, π부채 만들기, 원주율에서 의미 있는 숫자 찾기, π포토존 등 다양한 행사가 진행되고, 그 속에서 수학은 어느새 학생들 사이에 친근한 존재로 자리 잡게 됩니다.

자연에서 배우는 수학, 교정을 거닐다

행사가 끝나고 숨 돌릴 틈도 없이, 봄기운이 완연한 학교 교정에는 꽃과 나무, 풀들이 피어납니다. 우리 학교는 자연에 둘러싸인 아름다운

자연 속에서 수학적 원리 찾기 수업

환경을 자랑하는 곳입니다. 이때 MIA는 자연을 주제로 한 수학 탐구 활동을 펼칩니다.

나뭇잎의 대칭성, 꽃잎 수열, 나선형 줄기 배열, 곤충 날개 속 프랙탈 구조 등 자연 속에는 셀 수 없이 많은 수학적 원리가 숨어 있습니다. 학생들과 함께 교정을 거닐며 관찰하고 사진을 찍고, 그것을 도식화하고 수학적 원리를 해석해보는 시간은 단순한 '공부'를 넘어선 '탐구' 그 자체였습니다. 이런 활동을 통해 학생들은 "수학은 책 속에만 있는 것이 아니다"라는 것을 체감하며 수학적 사고를 확장해 갑니다.

수학은 축제다 – 부스 운영의 묘미

MIA 학생들이 가장 손꼽아 기다리는 활동은 바로 각종 축제나 행사에서 운영하는 수학 체험 부스입니다. 대산중의 대표 축제인 길마당

수학4동아리 부스 활동

축제를 비롯하여, '수학 한마당', '수학 수업 골라보기', 지역축제, 타 학교 연합축제, 대산의 큰 행사인 길마당 출제 등 다양한 무대에서 우리 동아리는 수학의 아름다움을 알리는 부스를 꾸며왔습니다.

물론 준비 과정은 매번 쉽지 않았습니다. 아이디어 회의, 재료 준비, 설명 연습 등 어느 것 하나 빠듯하지 않은 일이 없었습니다. 게다가 학생들은 시작 전엔 늘 이렇게 말합니다.

"선생님, 저 낯가려서 설명 잘 못할 것 같아요……", "수학 잘 못하는데 이거 해도 되나요…?"

하지만 막상 체험객들이 오기 시작하면, 학생들은 180도 달라진 모습으로 적극적으로 활동합니다. 설명도 유창하게 하고, 사람들을 부스 앞으로 끌어오며 주도적으로 움직입니다. 행사 후에는 "오늘이 제일 행복한 날이었어요", "또 하고 싶어요"라고 입을 모읍니다. 그렇게 저는 10년째 매년 수학 부스를 운영하고 있고, 그 이유는 오직 하나. 아이들이 진심으로 빛나는 순간을 만들기 위해서입니다.

아이들의 성장을 목격하다

가장 감동적인 것은 아이들의 변화입니다. 학교에서는 내성적이고 자신감 없어 보이던 학생이, 행사장에서 어른들을 향해 수학을 설명하는 모습을 볼 때마다 '이 아이 안에 이런 힘이 있었구나' 하는 생각에 울컥하기도 합니다.

실제로 "3년 내내 수학동아리 하면서 성격이 바뀌었어요", "사람들 앞에서 말하는 게 익숙해졌어요", "저 이제 수학이 좋아졌어요"라고 말하는 학생들이 늘어났습니다. 그 말들이 저에게는 어떤 상장이나 상금보다 더 소중한 보상입니다.

돌이켜보면, MIA는 단순한 수학동아리가 아니었습니다. 이곳은 아이들이 수학을 통해 자신을 발견하고, 표현하고, 확장해가는 배움의 공동체였습니다. 저는 단지 그 옆에서 함께 걸었을 뿐인데, 아이들은 제 상상을 넘어서는 속도로 자라고 있었습니다.

앞으로도 저는 이 동아리를 꾸준히 이어가고 싶습니다. 해마다 바뀌는 얼굴들 속에서도, MIA의 정신과 전통은 계속될 것이라 믿습니다. 그리고 언젠가, 이 동아리 출신의 누군가가 어른이 되어 수학을 이야기하며 미소 지을 그 날을 기다리며, 저는 다시 포스터를 만들고, 수학과 친해지는 주간을 준비하고, 다음 축제 부스를 고민할 것입니다.

왜냐하면 수학은 어렵지만, 함께하면 즐겁고, 가끔은 너무나도 아름답기 때문입니다.

3. 한뫼 밴드의 작은 무대, 큰 울림

교감 정연미

문화예술, 학교를 물들이다

학교는 단지 지식을 전달하는 공간을 넘어, 감성과 꿈이 자라나는 곳이어야 한다고 믿습니다. 그래서 저는 늘 질문했습니다. "학생들에게 어떤 경험을 선물할 수 있을까?"

그 고민 끝에 도달한 하나의 해답이 바로 '작은 발표회'였고, 그 발표회를 통해 학생들과 함께 성장해온 특별한 자율동아리 '한뫼 밴드'였습니다.

2013년 봄, 통기타 동아리와 몇몇 학생들의 자발적인 연습에서 시작된 작은 움직임은 2014년 6월, 잔디밭 정원에서 열린 첫 '작은 발표회'로 싹을 틔웠습니다. 아름다운 교정 곳곳이 무대가 되고, 교사와 학생이 함께 노래하고 연주하며, 학교에 새로운 바람이 불기 시작했습니다.

작은 시작, 큰 감동으로

2014년 6월 11일. 대산중학교 교정에서 통기타 연주와 패션쇼로 첫 무대가 시작됐습니다. 점심시간을 활용해 펼쳐진 이 무대는 학생들의 숨겨진 재능을 표현할 수 있는 자유로운 공간이었습니다. 당시에는 발표회를 준비할 인프라도, 전통도 없었지만 학생들의 열정과 교사들의 응원이 합쳐져 새로운 가능성이 열렸습니다.

그 이후로 '작은 발표회'는 매월 마지막 주 수요일, 교정, 학예관, 도서관 등 다양한 장소에서 꾸준히 열렸습니다. 발표 내용은 해를 거듭할수록 다양해졌습니다. 밴드 연주, 색소폰 앙상블, 피아노와 바이올린 독주, 마술, 댄스, 태권도 시범, 그림 전시와 패션쇼까지 학생들은 발표회를 통해 각자의 끼를 펼쳤고, 무대를 준비하는 과정에서 협력과 배려, 그리고 성장을 경험하게 되었습니다.

한뫼 밴드, 소리로 엮은 공동체

'작은 발표회'의 중심에는 늘 '한뫼 밴드'가 있었습니다. 2013년 4월에 결성된 이 자율동아리는 음악을 사랑하는 학생들이 학년을 넘어 모여 만든 순수한 열정의 산물이었습니다. 악기를 다룰 줄 아는 친구들, 노래를 좋아하는 친구들, 단지 함께 무언가를 해보고 싶은 친구들이 모여 만들었습니다. 점심시간과 방과 후, 음악실과 교실 한켠에서 들려오는 기타와 드럼 소리, 노랫소리는 점차 학교 곳곳에 퍼져 나갔습니다.

한뫼 밴드는 단순히 교내에서만 활동하지 않았습니다. 2014년 '경로효친의 날' 공연, 삼성 음악 동호회와 협연 및 재능 나눔 음악회, 2015년 서산 청소년 뮤직 페스티벌 대상 수상, 2017년 한뫼광장 공연과 노인대학 '효행의 날', 2019년 서산문화회관 청소년 인권영화제 축하공연, 2022~2024년 서산 명지중과의 연합축제, 예술제, 마을 어울림 축제, 진로박람회, 기업문화행사 참여 등등 그간 손으로 꼽기 힘들 정도로 다양한 공연 활동을 펼쳤습니다. 이를 통해 한뫼 밴드는 지역과 학교를 잇는 다리 역할을 해왔고, 학생들은 무대 경험을 통해 자신감을 얻으며 예술적 감수성을 키워갔습니다.

무대에서 배우는 것들

무대에 선다는 것은 단지 실력을 뽐내는 것이 아닙니다. 떨림을 이겨내는 용기, 실수를 수용하는 태도, 서로의 부족함을 채워가는 협동, 작은 발표회와 밴드 활동을 통해 학생들은 삶의 중요한 가치를 몸으로 익히게 됩니다.

어떤 학생은 처음에는 조용히 뒤에서 기타만 튕기다가, 어느 날 용기를 내어 마이크 앞에 섭니다. 어떤 학생은 자신 없어 무대 뒤에서만 머물렀지만, 친구들의 격려로 피아노 앞에 앉게 됩니다. 그리고 그 경험은 아이들의 자존감을 회복시키고, 더 큰 꿈을 꾸게 하는 원동력이 됩니다. 그 무대가 아이들에게 '해낼 수 있다'는 자신감을 심어준다면, 그보다 더 큰 교육이 어디 있을까요?

이어지는 울림, 남겨진 유산

밴드 활동과 발표회는 세월과 함께 이어져 왔습니다. 졸업한 선배들이 무대 위에서 남긴 열정과 추억은, 후배들에게 '우리도 할 수 있다'는 동기부여가 되었습니다.

한뫼 밴드는 연습공간을 확보하며 더욱 체계적으로 운영되었고, 매주 정해진 요일에 학년별로 연습하는 시스템을 만들었습니다. 삼성 음악 동호회, 서산 청소년문화센터, 교내 교실까지 세 곳의 연습공간을 활용하며 성장의 발판을 다졌습니다. 현재도 밴드는 매주 목요일 오후 3시 30분부터 2시간씩 꾸준히 연습 중이며, 무대는 교내외를 넘나들며 더욱 풍성해지고 있습니다.

교육의 본질을 다시 묻다

작은 발표회와 한뫼 밴드는 단지 프로그램이나 행사가 아니었습니다. 그것은 학생과 교사, 학교와 지역이 함께 만든 문화였고, 예술을 통해 살아 있는 교육을 실현한, 살아 움직이는 사례였습니다.

예술은 경쟁이 아니며, 점수로 평가할 수 없습니다. 그러나 그 속에 담긴 감정과 성장, 연결과 배려는 학생들의 삶에 오래도록 남아 '인생의 자산'이 됩니다. 이 무대는 학생들의 내면을 살피고, 관계를 회복하며, 감정을 나누는 공간이자, 학교가 더 따뜻해지는 과정이기도 했습니다.

한뫼 밴드 공연 모습

오늘도 울림은 계속된다

지금 이 순간에도 작은 무대는 만들어지고 있습니다. 클라리넷이 도서관에 울려 퍼지고, 한뫼 밴드는 다음 공연을 위해 음을 맞추고 있습니다. 처음에는 작고 조심스럽게 시작된 움직임이었지만, 이제는 학교의 하나의 전통이 되었고, 문화가 되었으며, 대산중학교를 설명하는 상징이 되었습니다.

앞으로도 우리는 계속 물을 것입니다. "학생들에게 어떤 경험을 선물할 수 있을까?"

그리고 그 물음에 대한 하나의 답은, 변함없이 작은 무대 위에서 울릴 것입니다. 작은 무대, 큰 울림. 그 안에 담긴 가능성과 감동은 결코 작지 않습니다.

4. 한뫼 책벌레들과 함께하는 도서관 점령기

교사 한송이

대산중학교 교정은 늘 아이들의 발걸음으로 분주합니다. 점심시간에도 오케스트라 연습, 내가 그린 히어로, 다독다독 자율동아리 활동, 월중 계획에 따른 학예관·체육관에서의 다양한 활동들이 진행되고 있습니다. 그렇기에 2층 한 모퉁이에 있는 도서관으로 아이들을 이끈다는 것은 결코 쉬운 일이 아닙니다.

많지는 않지만 쉬는 시간, 점심시간에 도서관에 들러 책장을 기웃거리는 아이들이 있었고, 그 모습은 반가웠습니다. 하지만 대개는 책과 눈을 맞추기보다 그 곁을 스쳐 지나가곤 하여, 책은 늘 그 자리에 있었지만 아이들의 마음까지는 닿지 못한 건 아닐까 하는 아쉬움이 남았습니다. 자연스레 '도서관이 작은 만남의 장이라도 될 수 있을까?', '책을 조금이라도 더 가까이, 가볍게 손에 쥐게 할 수는 없을까?'라는 고민을 하게 되었습니다. 책이 무거운 과제가 아니라, 가볍게 웃으며 만나는 친구가 되었으면 하는 바람이 생겼습니다.

그러던 어느 날, 국립어린이청소년도서관에서 '1318 책벌레들의 도서관 점령기' 운영학교를 모집한다는 소식을 접하게 되었습니다. 순간, 오래 덮어두었던 책 속에서 반짝이는 구절을 발견한 듯 가슴이 두근거렸습니다. 주저 없이 계획서를 제출했고, 기적처럼 전국 100개의 중·고등학교 중에서 우리 대산중학교가 선정되었습니다.

처음에는 조금 두려운 마음도 있었지만, 국립중앙도서관에서 진행된 프로그램 연수는 큰 힘이 되었습니다. 책을 가까이 두는 것을 넘어, 책을 통해 서로의 이야기를 나누고 세상을 넓혀가는 아이들을 그릴 수 있게 되었습니다. 그렇게 도서관 도우미를 중심으로 책을 좋아하는 30여 명의 학생이 자발적으로 모인 '한뫼 책벌레' 자율동아리는 우리 학교와 마을, 도서관, 그리고 아이들을 하나로 잇는 첫 활동의 문을 열게 되었습니다.

우리만의 첫 장, 한뫼 책벌레 출범식

기존에도 도서관 도우미는 운영되고 있었지만, 이번에는 '한뫼 책벌레'라는 자율동아리를 중심으로 도서관과 책 관련 활동을 계획하게 되면서 그 시작을 알리는 출범식은 더욱 특별한 의미를 지니게 되었습니다. 도서관에는 묘한 긴장과 설렘이 감돌았습니다.

30여 명의 학생 중 2학년을 주축으로 홍보부, 촬영부, 진행부를 구성하고, 각 부서의 '왕벌레'를 뽑았습니다. 행사 날짜 정하기, 홍보지 제작, 학교 SNS 홍보, 당일 행사 운영, 진행자 선정, 사진 촬영 및 인터뷰

등의 역할을 학생들 스스로 나누어 맡았습니다. 자율동아리의 취지에 맞게, 다른 활동으로도 바쁜 아이들에게 자율성과 주도성을 최대한 보장하고자 했습니다. 아이들 모두가 각자의 역할에서 최선을 다해 주었습니다.

행사 일주일 전부터 관심 있는 학생들은 각자 책을 한 권씩 대출하고, 인상 깊은 구절을 찾는 미션을 받았습니다.

"선생님, 그냥 한 줄만 쓰면 돼요?" 장난기 어린 질문 속에서도 페이지를 넘기는 손길은 점점 조심스러워졌고, 곧 마음에 남은 문장이 작은 색지 위에 내려앉기 시작했습니다.

"너는 너라서 빛나." "정의는 멀리 있는 게 아니라, 바로 우리 안에 있어." "책은 세상을 보는 또 다른 눈이다."

출범식 전날, 아이들은 미리 불어놓은 헬륨 풍선 아래에 자신이 고

한뫼 책벌레 출범식

른 문구를 하나씩 붙였습니다. 도서관 천장을 수놓은 색색의 풍선들은 마치 우리의 시작을 알리는 알록달록한 꽃처럼 빛났습니다.

행사 당일, 신청한 학생들은 점심을 일찍 먹고 도서관을 찾았습니다. 책벌레들의 첫 번째 행사였던 만큼 긴장감도 있었지만, 신청하지 않은 학생들까지 누구나 참여할 수 있도록 문을 활짝 열어두었습니다.

이날 모인 문장들을 엮어 하나의 시로 만들었습니다. 아이들의 마음에서 피어난 작은 구절들이 모여 하나의 목소리가 된 순간, 도서관은 더 이상 조용한 책의 창고가 아닌, 숨 쉬는 마음의 서재가 되었습니다. 책 속 구절로 나만의 시를 만들어 보는 이 활동을 통해 아이들은 도서관에서의 색다른 경험에 흥미가 생겼고, 책벌레들은 첫 활동을 무사히 마무리한 것에 대해 큰 뿌듯함을 느꼈습니다.

책벌레들의 점심시간 – 정의를 나누는 한 그릇의 시간

책벌레들의 책 읽기 활동도 본격적으로 시작되었습니다. '왕벌레'들과의 회의를 통해 점심시간에는 마이클 샌델의 《10대를 위한 정의란 무엇인가》를 자율적으로 읽고, 수요일 방과 후에는 토론을 하기로 하였습니다.

'어떤 문제 상황에서 어떤 선택을 하는 것이 가장 올바른가, 또는 최선의 선택인가?'라는 주제로 아이들은 세상에 대한 관심과 판단의 다양성에 대해 이야기하고 싶어 했고, 이에 따라 15명 정도가 참여하여 두 모둠으로 나누어 토론을 진행하였습니다.

'10대를 위한 정의란 무엇인가' 토론

"고장난 기차가 원래 선로대로 가면 5명이 죽고, 기장이 옆 선로로 조작하면 1명이 죽는다면 당신의 선택은?"

"다섯 명보다 한 명이 죽는 것이 덜 고통스럽고 덜 죄송한 일일 것 같아요."

"기차가 원래대로 가는 것은 조작하지 않은 것이므로 죄의식이 덜 할 것 같아요."

아이들은 생각보다 깊이 있는 관점에서 의견을 나누었고, 자신들의 생각을 논리적으로 정리하여 상대방과 소통하였습니다. 그들의 목소리는 정답을 찾기 위해서라기보다 서로의 생각을 이해하고 존중하기 위한 울림이었습니다. 이 활동을 통해 저 역시 깨달았습니다. 정의란 교과서 속 개념으로 가르치는 것이 아니라, 아이들이 스스로 찾아가도록 안내해야 한다는 것을요.

토요일의 약속, 도서관이 마을을 품다

5월 24일부터 4주간, 매주 토요일 오전 대산도서관 유아열람실은 웃음과 이야기로 가득 찼습니다. 한뫼 책벌레들이 어린이 손님을 맞이하는 시간이었습니다.

처음에는 책을 읽는 목소리가 작고, 동작도 어색했지만, 아이들의 동그란 눈망울이 이야기에 빠져들자 책벌레들의 목소리는 점점 힘을 얻었습니다.

"옛날 옛날에……" 이 익숙한 문장이 마을을 잇는 다리가 되어 주었습니다. 동화책을 읽은 후에는 색종이 접기, 고무줄 자동차 만들기, 팽이 만들기 등의 간단한 독후놀이가 이어졌습니다. 장난기가 많은 아이들을 맡은 2학년 책벌레 한 명은 이렇게 말했습니다.

"제가 그 녀석들을 맡아야지요. 누군가는 해야 할 일이에요. 제가 장난을 맞춰주니 그 아이들도 좀 조용해질 수 있었구요."

늘 외동이라 부모님께 많은 사랑을 받는다고 말하던 그 아이는, 공동체 안에서의 역할을 스스로 찾아가고, 형제가 많은 친구들의 마음까지도 이해하려는 따뜻한 배려를 보여주었습니다.

처음엔 꼬마 손님이 많이 없을까 걱정하셨던 대산도서관 관장님과 담당 선생님께서도, 매주 10명 이상의 꾸준한 참여와 어머님들의 문의 전화를 통해 2학기에도 이 활동을 이어가면 좋겠다는 긍정적인 피드백을 주셨습니다.

책벌레들도 준비와 활동을 통해 많이 성장했고, 꼬마 손님들에게도

'책 읽어 주세요' 활동

또래 언니·오빠들이 함께해주는 이 시간이 큰 즐거움이 되었던 것 같습니다. 도서관은 책을 읽는 장소를 넘어 세대와 세대를 잇는 '마을의 거실'로 거듭나고 있었습니다.

책으로 이어진 학교, 마을, 그리고 아이들

한 학기를 돌아보면 '한뫼 책벌레 in 생태숲', 독서록 가입 독후감 대회 등 다양한 활동이 있었습니다. 한뫼 책벌레들의 여정은 단순히 책을 읽는 것을 넘어서는 의미를 지녔습니다. 책에 흥미를 갖고 습관을 형성한 아이들, 함께 읽으며 공동체 의식을 기른 아이들, 그리고 자신의 생각을 표현하는 힘을 키운 아이들. 대산도서관과 학교, 마을은 함께 손을 맞잡고 이 아이들의 성장을 지켜보았습니다.

독서 피크닉

저는 믿습니다. 책과 함께 자란 이 작은 책벌레들이 언젠가 또 다른 마을과 세상 속에서 새로운 이야기를 써 갈 것을요.

5. 감성과 협업으로 빚어낸 화음, '한뫼 오케스트라'

교사 김혜림

충청남도 서산의 한적한 마을 한가운데 자리한 대산중학교에는 30년 넘게 이어져 온 특별한 전통이 있습니다. 바로 '한뫼오케스트라'입니다.

1995년, 한 교사와 몇 명의 학생이 모여 만든 작은 음악 모임은 1998년 정식 창단 연주회를 열며 본격적인 활동을 시작하였습니다. 시간이 흐르며 이 모임은 학교를 넘어 지역을 대표하는 자랑스러운 오케스트라로 성장하였고, 학생들의 감성과 창의성을 키우는 혁신적인 예술교육의 상징이 되었습니다. 한뫼오케스트라는 대산중학교가 추구해 온 교육 가치의 한 축을 온전히 보여주는 존재입니다.

작은 시작, 큰 꿈

한뫼오케스트라의 역사는 작은 울림에서 시작되었습니다. 처음에는 악기 연주도, 합주도 서툴렀고 연습 환경도 열악했지만, 악기들이 모여 만들어 내는 음악의 힘을 믿었습니다. 학교 한켠에서 울리던 조심스러운 멜로디는 차츰 학생들의 마음을 열었고, 서로를 이해하고 협력하는 배움의 도구가 되었습니다.

'1인 1악기' 원칙 아래 각자가 맡은 악기에 책임감을 갖고 연습하며, 전체 화음 속에서 어우러지는 조화를 배웠습니다. 창단 초기부터 지역 음악 경연대회에 도전하며 실력을 쌓아온 한뫼오케스트라는 마침내 2019년, 충청남도 중·고등학생 음악경연대회와 춘천 전국 관악경연대회에서 모두 금상을 거머쥐었습니다. 그러나 이들이 가장 자랑하는 성과는 단순한 상이 아니라, 음악을 통해 '사람을 키워낸 시간'이었습니다.

위기를 넘어 다시 선 무대

2020년, 전 세계를 덮친 코로나19 팬데믹은 오케스트라에도 큰 시련이었습니다. 단원 모집은 끊기고, 모임과 연습은 중단되었습니다. 공연 기회가 사라지면서 사실상 활동을 멈춰야 했습니다.

하지만 교사와 학생, 학부모는 포기하지 않았습니다. 서로를 격려하며 온라인과 개인 연습을 병행했고, 다시 무대에 설 날을 기다렸습니다. 비록 힘든 시기였지만, 그 속에서 음악 공동체의 의미와 교육의 본질을 다시 생각하게 되었습니다. 그리고 마침내 한뫼오케스트라는 더 큰 규모와 단단한 결속으로 돌아왔습니다. 현재는 70여 명의 단원이 함께하며 또 다른 도약을 준비하고 있습니다.

협업과 인내가 빚어내는 성장

오늘도 한뫼오케스트라는 '1인 1악기' 원칙을 지키며 각자의 실력을 갈고닦고 있습니다. 다른 소리를 내는 악기들이 함께 어울려야 완성되는 연주 속에서 학생들은 협업의 가치를 체득합니다. 매일 점심시간과 방과 후, 악기를 잡는 손끝에는 책임감이, 합주하는 순간에는 서로를 배려하는 마음이 깃듭니다.

이 과정은 단순히 음악 기술을 익히는 시간을 넘어, 자기관리 능력, 표현력, 자기 주도성까지 키우는 배움의 장이 됩니다. 무대에 서는 경험은 자신감을 심어주고, 졸업 후에도 사회 곳곳에서 음악가·교사·예술가로 활동하는 이들이 많습니다. 한뫼오케스트라는 학생들의 성장여정에 평생 지워지지 않는 울림을 남깁니다.

마을과 함께 울리는 선율

2023년, 오케스트라는 새로운 도전을 시작했습니다. 대산중학교와 대산고등학교 학생, 그리고 지역 주민이 함께하는 '한뫼 무지개마을 오케스트라'가 탄생한 것입니다.

매주 월요일과 화요일 저녁, 연습실에는 다양한 세대가 모입니다. 클라리넷을 배우는 중학생, 플루트를 연주하는 고등학생, 악기를 처음

접하는 어르신까지 한자리에 앉아 악보를 나누고 박자를 맞춥니다. 서로의 연주를 격려하며 세대와 경험의 벽이 허물어지고, 마을은 음악으로 하나가 됩니다.

이들은 해미 읍성, 서산 호수공원, 황금산 코끼리바위, 대산 커뮤니티센터 등 서산 곳곳을 무대로 공연을 이어왔습니다. 특히 2024년 12월, 서산시문화회관 대공연장에서 열린 정기 연주회는 1년의 노고를 축하하는 감동의 순간이었습니다. 무대 위의 연주와 객석의 웃음과 눈물 속에서 음악은 마을의 마음을 하나로 묶었습니다.

평범한 일상에서 자라는 혁신

한뫼오케스트라가 보여준 혁신은 거창한 제도에서 나온 것이 아닙니다. 점심시간마다 들려오는 연습 소리, 연습 후 악기를 정리하는 손

한뫼오케스트라의 대한민국 관악 경연대회 참가 모습

길, 박자를 맞추기 위해 숨을 고르는 모습. 이런 소박한 일상 속에서 협력과 이해가 자라났고, 그것이 교육의 본질임을 확인하였습니다.

앞으로도 한뫼오케스트라는 멈추지 않을 것입니다. 점심 연습, 방학 캠프, 마을 공연, 새로운 단원 맞이까지. 모든 활동은 학생과 마을이 함께 성장하는 시간이며, 감성과 협업이 빚어낸 아름다운 선율입니다.

대산중학교는 믿습니다. 음악이 사람을 더 좋은 사람으로 만들고, 오케스트라가 마을을 더 따뜻하게 만든다는 것을. 그리고 그 믿음은 오늘도 한뫼오케스트라의 선율처럼 조용히, 그러나 끊기지 않고 이어지고 있습니다.

함께한 배움의 길, 더 넓은 세상으로

---

1. 불빛처럼 이어진 배움의 자리, 반딧불이 공부방

교사 유민정

선생님들을 일깨운 무심한 한마디

저는 대산중학교의 졸업생입니다. 초등학교 시절, 아버지의 직장 문제로 멀리서 서산으로 전학을 오게 되었고, 낯선 도시에 제대로 적응하기도 전에 중학교에 입학하게 되었습니다. 친구도, 길도, 모든 것이 낯설었던 그 시절, 대산중학교는 저에게 따뜻한 위로가 되어주었습니다. 무엇보다 늘 엄격하고 거리감 있던 선생님들과는 달리, 대산중의 선생님들은 학생들에게 다가와 주셨고, 눈을 맞추어 주셨고, 사랑을 듬뿍 주셨습니다.

1990년 초반 대산에 대기업이 들어서면서 저처럼 부모님을 따라 이사 온 친구들이 하루가 다르게 늘어나기 시작했습니다. 문제는, 시골에 가까운 이 지역에는 학원도, 독서실도 없었다는 것입니다. 학업에 대한 갈증을 느끼던 우리 몇몇은 어느 날 선생님께 건의했습니다.

"선생님, 밤 늦게까지 학교에 남아 공부할 수 있는 공간이 있으면 좋겠어요."

지금 생각하면, 얼마나 무심하고도 무거운 부탁이었을까요. 어린 학생이었던 우리는 몰랐습니다. 그것이 선생님들에게 얼마나 부담이 되고, 또 쉽지 않은 결정이었는지를요. 하지만 그 간절함을 알아봐 주신 선생님들은 우리를 위해 교실의 불을 꺼지지 않게 해주셨습니다. 그렇게 시작된 것이 바로 '반딧불이 공부방'입니다. 그 반딧불이처럼, 작지만 끈질긴 빛이 지금까지 이어지고 있습니다.

모교로 돌아와 다시 마주한 '그 불빛'

세월이 흘러 저는 졸업생에서 교사가 되어 다시 대산중학교로 돌아왔습니다. 복도와 교실, 운동장을 걸으며 수없이 많은 기억이 떠올랐고, 그중에서도 가장 놀라웠던 것은 '반딧불이 공부방'이 아직도 존재한다'는 사실이었습니다.

하지만 그 이름 아래 운영되는 모습은 과거와는 많이 달라져 있었습니다. 단순히 공간만 만들어 주던 과거와 달리, 이제는 다양한 프로그램과 지원이 체계적으로 갖추어져 있었습니다. 공부방은 더 이상 '남아서 공부하는 공간'이 아니라, '함께 성장하는 학습공동체'로 진화해 있었습니다.

그곳에는 배움만 있는 것이 아니었습니다. 오랜 시간 같은 공간에서 머물며 쌓아온 '관계'가 있었고, 그 관계 속에서 우정과 협력이 피어났습니다. 예전에는 단지 혼자 책상에 앉아 문제를 푸는 것이었다면, 이제는 함께 묻고 함께 답을 찾는 공간이 되었습니다. 학생들이 스스로 자리를 정돈하고 친구와 학습 일정을 나누는 모습, 선배가 후배의 질문을 받아주는 자연스러운 흐름은, 이 공부방이 단순한 방과 후 장소가 아니라는 것을 증명해주었습니다.

기초부터 함께 – 방과 후 기초반 운영

가장 눈에 띄는 변화는 기초 학습 지원 프로그램이었습니다. 국어, 영어, 수학, 과학, 사회 등 주요 교과목의 기초반이 운영되어, 수업을 따라가는 데 어려움을 겪는 학생들을 대상으로 방과 후 보충수업이 이루어졌습니다. 선생님들은 정규 수업이 끝난 뒤에도 남아 기초부터 다시 가르쳐 주셨습니다.

이 수업들은 성적 향상만이 목적이 아니었습니다. 학업으로부터 소외되거나 뒤처지는 경험을 한 아이들이 '나도 할 수 있다'는 자신감을 갖게 하는 것이 가장 중요한 목표였습니다. 질문하기를 부끄러워하던 아이가, 어느 순간 "선생님, 저 이건 알 것 같아요!"라고 말할 때, 그 순간은 수업 그 이상의 의미를 띠게 됩니다.

이런 경험을 통해 학생들은 단지 학습 내용만이 아니라, 스스로를 믿고 성취할 수 있다는 믿음을 갖게 되었습니다. 또한 이 기초반 수업은 단순한 지식 전달에 머무르지 않았습니다. 선생님들은 아이 한 명한 명의 학습 스타일과 이해 속도를 파악하고, 때로는 교과 내용에 대한 설명보다도 '할 수 있어'라는 격려가 먼저 건네지기도 했습니다. 그렇게 쌓인 수많은 격려와 작은 성공 경험들이 학생들의 마음속에 '공부는 나도 할 수 있는 일'이라는 씨앗을 심었습니다.

선후배가 함께, 마을이 함께 - 멘토링의 힘

'반딧불이 공부방'의 진짜 특별함은 학교 밖의 손길들이 함께했다는 점입니다. 인근 대학교 학생들이 멘토로 참여해, 기초반 학생들을 도와주었습니다. 시급보다 중요한 건 마음이었는지, 그들은 최저 보수에도 기꺼이 시간과 지식을 나누어 주었습니다. 학생들에게는 '나도 언젠가는 저 형, 언니처럼 될 수 있다'는 꿈이 자라나는 시간이었습니다.

대산고의 선배들도 참여했습니다. 교사를 꿈꾸는 고등학생 멘토들이 반딧불이 참여 학생들과 1:1 멘토-멘티를 맺고, 학습 조력은 물론 진로 상담까지 함께 나누었습니다. 중학생들은 고등학생 선배들에게 학교생활의 팁을 듣고, 고등학생은 멘토링을 통해 더 큰 책임감과 성장의 기회를 얻었습니다.

또 하나 특별했던 것은 제8931 공군부대 군인 선생님들의 참여였습니다. 교직을 준비 중이거나 과외 경험이 있던 군인들이 매일 저녁 학교를 찾아와 숙제와 공부를 도와주셨습니다. 제복을 입은 멘토들이 함께해주는 그 모습은 아이들에게 안정감과 존중받는 느낌을 주었습니다.

뿐만 아니라 멘토들은 단지 지식을 전달하는 역할을 넘어서, 삶의 태도와 역할 모델이 되어주었습니다. "형은 왜 이 전공을 선택했어요?", "누나는 대학에 가면 어떤 게 달라요?" 이런 질문들이 오갈 때면, 학생들은 단순한 공부를 넘어 삶의 방향과 꿈에 대한 대화를 경험하게 됩니다.

그 과정에서 자연스럽게 아이들은 미래를 상상하고, 자신이 걷고 싶은 길에 대해 진지하게 고민하기 시작했습니다. '어디까지 갈 수 있느냐'보다 '무엇이 되고 싶으냐'를 묻는 멘토링은, 공부방을 단지 지식의 공간이 아니라 미래를 함께 설계하는 플랫폼으로 만들어 주었습니다.

공부만이 전부는 아니었다 – 저녁, 대화, 관계

반딧불이 공부방은 단지 공부만 하는 공간이 아니었습니다. 수업과 활동이 끝난 뒤에는 급식실에서 따뜻한 저녁 식사가 제공되었습니다. 아이들은 허기진 배를 채우며 자연스럽게 친구들과 이야기를 나누었고, 어떤 날은 공부보다 그 저녁 식사시간을 더 기다리기도 했습니다.

저녁을 먹고 나면 다시 학습을 하거나, 자유롭게 토론하고, 선생님과 진로 상담을 하며 '삶을 준비하는 시간'을 보냈습니다. 이 모든 과정이 자연스럽고 따뜻하게 이어졌기에, 반딧불이는 단지 방과 후 프로그램이 아니라 또 하나의 작은 학교였습니다. 그리고 학생들에게는 돌봄의 의미도 있었습니다. 집안 형편이 어렵거나 한부모 가정, 또는 밤늦게까지 맞벌이를 하는 학생들에게 학교는 안전한 제2의 집이 되어주었습니다. 어두운 밤, 불 켜진 교실에서 공부하고 있는 학생들을 볼 때면, 선생님들은 그저 학습을 돕는 것을 넘어 '누군가의 하루를 함께 살아주고 있다'는 깊은 사명감을 느꼈습니다.

또한 이 공부방은 관계의 재발견이 이루어지는 장소이기도 했습니다. 평소 교실에서는 말 한마디 나누지 않던 친구들이 함께 문제를 풀면서 가까워지고, 혼자 있던 아이가 자연스럽게 그룹에 소속되는 모습도 종종 볼 수 있었습니다. 공부방은 그래서 '공부'만 하는 곳이 아니라, 사람을 잇고 마음을 여는 공간이었습니다.

가족처럼 함께했던 선생님과 그 시간들

무엇보다도 '반딧불이 공부방'의 가장 깊은 기억은 그 자리를 오래 지켜주신 선생님들에 대한 감사입니다. 특히 지금의 교장 선생님이신 백정현 선생님은 10년 넘게 이 프로그램을 직접 운영해 오셨습니다. 밤 9시가 넘는 시간까지, 마지막 학생이 귀가할 때까지 함께하며 아이들의 학습을 돕고, 이야기를 들어주셨습니다.

더 감동적인 건, 선생님의 가족도 함께했다는 사실입니다. 졸업생인 첫째 자녀는 대학생 멘토로 참여했고, 둘째와 셋째는 학생으로 공부방에 참여했습니다. 모든 일과가 끝나면, 사모님께서 학교로 선생님과 아이들을 데리러 오시곤 했습니다. 온 가족이 함께한 교육의 장면, 그것은 그 어떤 영상보다도 깊은 감동이었습니다.

특히 백정현 선생님은 공부방 운영을 단순히 '업무'로 생각하지 않으셨습니다. 매일 저녁 아이들과 함께 앉아 공부를 돕고, 교사들이 자리를 비운 날에는 혼자서도 끝까지 자리를 지키셨습니다. 그 헌신은 아이들에게 말로 표현할 수 없는 정서적 안정감과 신뢰를 주었고, 함께 있던 교사들에게는 '교육이란 결국 사람과 사람이 함께하는 일'이라는 신념을 되새기게 했습니다. 그리고 그러한 시간을 지켜보던 학생들은, 자신이 사랑받고 있다는 사실을 마음 깊이 새기게 되었을 것입니다.

멈췄던 시간, 다시 이어지는 불빛

코로나19 팬데믹이라는 전례 없는 상황은 반딧불이 공부방도 멈추게 했습니다. 학교에 남아 함께 공부하고, 이야기 나누던 일상이 멈췄을 때, 그 자리가 얼마나 소중했는지를 우리는 더욱 뼈저리게 느꼈습니다.

다행히도 2022년부터 다시 반딧불이 공부방이 운영되기 시작했습니다. 예전처럼 모든 프로그램을 한꺼번에 운영하지는 못하지만, 학생들의 자기 주도 학습 능력을 키우고, 공부 습관을 잡아주는 공간으로 꾸준히 운영되고 있습니다. 시작은 조심스럽지만, 그 불빛은 다시 조금씩 번져가고 있습니다. 학생들의 자발적인 참여도 하나둘 늘어가고 있고, 공부방이 운영된다는 소식을 듣고 동문들이 응원과 도움의 손길을 보내오기도 합니다. 어떤 졸업생은 "선생님, 제가 멘토로 도와드릴게요"라며 직접 연락을 해오기도 했습니다. 코로나로 인해 단절되었던 시간은 오히려 이 프로그램의 소중함과 존재 이유를 다시금 깨닫게 해준 시간이었습니다. 이제 우리는 그 불빛을 다시 지키며, 더 밝게 퍼뜨려야 할 사명을 안고 있습니다.

우리가 이어가야 할 공동체의 유산

돌이켜보면, 반딧불이 공부방은 단순한 방과 후 프로그램이 아니었습니다. 그것은 마을이 함께 만든 교육공동체의 상징이자, 학교와 지역이 함께 만든 배움의 문화였습니다. 학생들의 손을 잡아준 선생님, 시간을 나눠준 대학생, 격려를 아끼지 않았던 군인 멘토, 그리고 따뜻한 밥 한 끼를 준비해 주신 급식실 여사님들까지, 이 모든 분이 모여 한 아이의 저녁을, 그리고 미래를 함께 만들었습니다. 그 덕분에 대산중학교의 반딧불이 공부방은, 단지 학생 몇 명이 남아 공부하는 공간이 아니라, 학교와 마을이 함께 지켜온 교육의 상징이 되었습니다. 그리고 이 공동체의 가치는 단순한 교육 서비스를 넘어, 학생들에게 '세상은 함께 살아가는 것'이라는 삶의 기본 태도를 가르쳐주는 장이 되었습니다. 그 불빛 아래에서 아이들은 배웠습니다. '혼자가 아니라 함께일 때, 우리는 더 멀리 갈 수 있다'는 것을요.

다시, 그 불빛을 지켜가려 합니다

졸업생으로, 교사로, 다시 마주한 반딧불이 공부방. 저는 그 속에서 진짜 교육의 얼굴을 봤습니다. 지식을 넘어서 관계를 만들고, 관심과 사랑으로 아이들을 이끌어주는 어른들의 손길. 그것이 바로 대산중학교만의 교육이자, 우리가 지켜가야 할 전통입니다.

앞으로도 저는 이 반딧불이 공부방을 더 많은 사람에게 알리고, 더 많은 학생이 이 공간에서 자신을 발견하고 미래를 준비할 수 있도록 돕고 싶습니다. 작은 불빛 하나가, 밤길을 밝혀주는 든든한 등불이 되듯이.

2. 온라인 너머로 이어진 배움

교사 유민정

혼돈 속에서 피어난 새로운 교육의 시작

2020년 겨울, 전례 없는 팬데믹이 전 세계를 휩쓸었습니다. 코로나 19의 갑작스러운 확산은 우리 일상의 모든 면에 영향을 미쳤고, 특히 교육 현장은 지금까지 한 번도 겪어보지 못한 도전에 직면했습니다. 개학은 기약 없이 미뤄지고, '내일 수업'이 어떻게 될지 아무도 예측할 수 없는 혼돈의 시기가 찾아왔습니다. 이러한 상황 속에서 교육부는 급히 온라인 수업 전환을 지시했고, 모든 학교는 당장 새로운 교육 시스템을 구축해야 하는 과제를 안게 되었습니다.

준비된 혁신이 빛을 발하다

당시 많은 학교가 갑작스러운 상황에 당황하여 제대로 대처하지 못했습니다. 교육청이 급히 구축한 플랫폼이나 EBS에서 제공하는 영상 자료를 활용하여 학생들이 집에서 수업을 들을 수 있도록 최소한의 준비를 하는 실정이었습니다. 하지만 대산중학교는 달랐습니다. 저희는 몇 년 전부터 '거꾸로 수업'을 비롯한 수업 혁신을 위해 꾸준히 노력해 왔고, 교사들 대부분이 수업 자료 제작 연수를 이수하며 변화에 대한 준비를 해왔습니다. 이러한 사전 노력 덕분에 저희는 다른 학교보다 훨씬 빠르게 새로운 상황에 대처할 수 있었습니다.

실제로 2020년 4월, 전국의 학교에 온라인 원격수업이 전격 도입되었을 때, 대산중학교 교사들은 빠르게 적응하며 온라인 교육의 선두에 섰습니다. 이는 마치 디지털 트랜스포메이션이 가속화되는 팬데믹 상황에서 디지털 활용 능력과 태도가 학습 몰입에 영향을 미쳤다는 연구 결과처럼, 미리 준비된 역량이 위기 상황에서 더욱 빛을 발한 순간이었습니다. 또한, 교육부에서도 맞춤형 학습지원 체제 구축 등 수업 형태와 교육과정의 혁신을 추진하며 민간 에듀테크 전문가들과 협업하여 시공간적 한계를 뛰어넘는 교육 혁신을 시도했듯이, 대산중학교는 자체적인 역량으로 이러한 혁신을 이루어냈습니다.

교사들의 밤샘 노력으로 일궈낸 온라인 학습의 장

선생님들은 비어있는 교실에 삼각대를 세워놓고 직접 수업을 촬영하고 편집하며 학생들에게 제공할 영상을 만들었습니다. 때로는 수업 자료에 본인의 목소리를 녹음하여 제공하는 등, 다양한 방식으로 온라인 학습 콘텐츠를 제작했습니다. 학생들이 등교하지 않아 교실은 텅 비어 있었지만, 교무실은 그 어느 때보다 바빴고 선생님들은 매일 밤샘을 불사했습니다. 서울 소재 중학교에서 2020년 4월부터 10월까지 사회과 원격수업이 어떻게 이루어졌는지에 대한 연구처럼, 대산중학교 역시 이 시기 전 과목에 걸쳐 온라인 수업의 틀을 구축했습니다. 온라인 체육수업 사례에서처럼, 교육부에서 권장한 다양한 수업 형태를 시도하며 교육적인 의미를 찾아갔습니다.

하지만 그 어떤 선생님도 불평하지 않았습니다. 오히려 서로의 수업 노하우를 공유하고 배우려는 모습은 존경스러울 정도였습니다. 혁신학교 구성원들이 공동체성을 바탕으로 팬데믹 위기를 슬기롭게 극복하는 실천 사례를 공유하고 코로나 이후 미래 교육의 방향에 대해 토론하는 등, 이러한 교사들의 헌신적인 노력은 대산중학교의 교육 혁신 역사에 전대미문前代未聞의 의미 있는 한 페이지로 기록될 것입니다. 이는 학생 한 명 한 명이 빛나는 미래 교육을 위한 기반이 되었고, 과밀 학급 해소 등 미래 교육 여건 개선을 위한 논의의 시발점이 되기도 했습니다.

온라인 한계를 뛰어넘는 활동 중심 수업

그 당시 가장 기억에 남는 수업은 1학년 학생들을 대상으로 한 자유학기제 주제 선택 '창의 수학' 수업이었습니다. 교과서 위주의 일반 수학 수업과는 달리, 활동 중심의 체험 수업으로 진행되어야 하는 특성상 학생들이 매일 등교할 수 없는 상황에서 수업을 이어가는 것이 쉽지 않았습니다. 집에서도 학생들이 학교에서처럼 몰입하여 수업에 참여할 수 있도록 하고 싶었던 저는 한 달 동안 진행될 수업의 모든 재료를 직접 구하고 준비하여 '창의 수학 꾸러미'를 만들었습니다. 학생들이 등교하는 날 꾸러미를 직접 나눠주었고, 혹시 건강상의 문제로 등교하지 못하는 학생들을 위해서는 직접 집집마다 찾아가 우체통에 꾸러미를 배달하기도 했습니다.

수업 당일에는 학생들이 꾸러미에서 필요한 재료를 꺼내어 실시간 쌍방향 온라인 수업에 연결하여 제가 설명하는 내용을 듣고 함께 만들면서 수업을 진행했습니다. 수업 시간 내에 완성하지 못한 학생들은 나중에라도 완성한 작품을 사진으로 찍어 보내주었습니다. 재료를 준비하고 배달하는 과정은 무척 힘들었지만, 학생들이 적극적으로 참여하고 온라인 너머로도 열정적으로 배움을 이어가는 모습에서 큰 보람을 느꼈습니다.

위기를 넘어선 성장: 미래 교육의 청사진을 그리다

이처럼 예전에 겪어보지 못한 상황 속에서 저희는 단순히 어려움을 극복하는 것을 넘어, 도전하는 마음가짐과, 서로를 의지하는 동료애가 얼마나 큰 힘이 되는지 깨달았습니다. 예상치 못한 난관 속에서도 저희는 함께 새로운 길을 만들어나갔고, 이는 앞으로 어떤 어려움이 닥쳐도 헤쳐나갈 수 있다는 자신감을 안겨주었습니다. 대산중학교의 이러한 경험은 단순히 코로나19 위기에 대한 대응을 넘어, 미래 교육의 청사진을 그리는 중요한 발판이 되었습니다. 우리는 온라인 학습의 가능성을 확인했고, 급변하는 교육 환경 속에서 지속적으로 혁신하고 발전할 수 있는 역량을 갖추게 되었습니다.

미래 교육을 향한 도약: 혁신적인 학습 환경 구축

코로나19 팬데믹은 교육 시스템 전반에 걸친 디지털 전환을 가속화했습니다. 대산중학교는 이러한 변화의 흐름에 발맞춰 학교가 전통적인 교실을 넘어 온라인과 지역사회로 학습의 시공간을 넓히고, 학생들이 원하는 것을 배울 수 있도록 돕는 교사의 역할 변화에 주목했습니다. 이는 2020년 1학기 동안 온라인 수업을 경험한 교사들의 인식 변화와 새로운 교육적 기회에 대한 인식을 분석한 연구 결과와도 맞닿아 있습니다.

학습 격차 해소와 맞춤형 교육: 모두를 위한 배움

하지만 온라인 교육 전환이 마냥 긍정적이지만은 않았습니다. 코로나19 사태는 계층 간 교육 격차를 한층 심화시키는 결과를 낳았고, 이는 충분히 예견된 일이었습니다. 대산중학교는 이러한 문제점을 인식하고 학습 안전망 강화를 위해 노력했습니다. 학습 격차 해소를 위한 맞춤형 지원, 디지털 격차 사전 예방, 학교 수업의 질 제고, 그리고 교육 취약 계층 맞춤형 지원 등 다각적인 방안을 모색했습니다. 특히, 개인의 학습 수준과 속도를 정밀하게 분석하여 최적의 학습 경로를 제공하는 맞춤형 교육은 AI 시대의 가장 빛나는 가능성으로, 저희는 이러한 방향으로 나아가기 위한 토대를 마련했습니다.

끊임없는 도전과 성찰: 대산중학교의 미래 교육 여정

대산중학교는 앞으로도 끊임없이 도전하고 성찰하며 미래 교육의 새로운 모델을 제시해 나갈 것입니다. 우리는 코로나19라는 거대한 파도를 넘어섰던 경험을 자산 삼아, 예측 불가능한 미래 사회에 필요한 역량을 갖춘 인재를 양성하기 위한 노력을 멈추지 않을 것입니다. 학교, 교사, 그리고 학생이 함께 만들어가는 대산중학교의 미래 교육 여정은 계속될 것입니다.

3. 꿈을 향한 나침반, 희망원정대 멘토링 캠프

방학 속 특별한 배움

희망원정대 대학생 멘토링 진로 캠프는 중학생들이 다양한 체험 활동을 통해 자신의 진로를 탐색할 수 있도록 돕는 특별한 프로그램입니다. 이 캠프는 여름방학과 겨울방학 기간에 운영되며, 대학생 멘토들이 중학생들과 함께 대학 진학과 희망 진로에 관한 상담을 진행하고, 궁금증을 해소하는 데 도움을 줍니다.

여름방학에는 주로 1학년 학생들을, 겨울방학에는 2학년 학생들을 대상으로 진행되며, 10년이 넘는 전통을 이어오고 있습니다. 짧은 기간이지만 깊이 있는 만남을 통해, 멘토와 멘티는 단순한 참가자와 지도자의 관계를 넘어 서로를 응원하는 인연으로 발전하기도 합니다.

멘토와 멘티의 끈끈한 유대

이 캠프의 가장 큰 특징은 프로그램 종료 후에도 이어지는 '지속적인 멘토링'입니다. 대학생 멘토들은 자신이 걸어온 학업과 진로의 여정을 나누고, 멘티 학생들의 고민을 진심으로 들어주며 함께 해결책을 찾아갑니다. 캠프 후에도 연락을 주고받으며 학습 방법, 진학 준비, 생활 습관 등에 대한 조언이 계속 이어집니다. 멘티 학생들은 "멘토 선배님 덕분에 공부하는 이유를 찾았다", "앞으로 가고 싶은 길이 구체적으로 보이기 시작했다"라고 말하곤 합니다.

다채로운 체험과 배움의 시간

캠프에서는 학습 동기와 흥미를 높이는 강의뿐 아니라, 체육 활동과 전통놀이 체험도 함께 진행됩니다. 다양한 전공을 가진 멘토들이 각자의 학과와 직업 세계를 소개하고, 자기 주도 학습 방법과 문제 해결 방법을 실생활 사례와 함께 공유합니다. 학생들은 이런 활동 속에서 "배움은 교과서 속에만 있는 것이 아니라, 삶 속에서 계속 이어지는 것"임을 깨닫게 됩니다.

캠퍼스에서 만난 미래

특히 인상 깊었던 순간은 2학년 학생들의 수학여행 일정에 연계하

▲▶
희망원정대 멘토들과
함께하는 대학교 탐방

여 연세대학교 탐방을 진행했던 경험입니다. 대학생 멘토들의 안내로 캠퍼스 투어를 하며, 강의실에서 학과 소개와 진로 상담을 진행하였습니다.

푸른 아이비가 담벼락을 감싼 건물들, 역사와 전통이 묻어나는 강의동, 학생들로 가득한 캠퍼스 풍경은 중학생들에게 깊은 인상을 주었습니다. 강연을 들으며 적은 메모와 사진 속 표정에는 설렘과 결심이 함께 담겨 있었습니다. 일부 학생들은 이 경험을 계기로 구체적인 대학 진학 목표를 세우기도 하였습니다.

지금도 이어지는 진로 여정

희망원정대 대학생 멘토링 진로 캠프는 현재도 계속되고 있습니다. 학생들은 이 캠프를 통해 자신이 무엇을 좋아하고, 어떤 미래를 꿈꾸는지 스스로 탐색하며 학습과 진로에 대한 자신감을 키워갑니다.

대학생 멘토들의 따뜻한 격려와 현실적인 조언은 단순한 정보 전달을 넘어, 학생들이 자신의 길을 찾는 데 든든한 나침반이 되어 주고 있습니다. 그리고 이 작은 나침반은, 캠프가 끝난 뒤에도 학생들의 마음속에서 계속 방향을 알려주고 있습니다.

4. 세계 속에서 배우는 해외 역사문화체험

교사 박영숙

세계로 향하는 배움의 발걸음

해외 역사문화체험은 학생들이 다양한 문화를 직접 경험하고, 역사적 사실을 몸소 배우며, 국제적인 시각을 키울 수 있는 소중한 기회를 제공하는 프로그램입니다. 역사적인 장소를 방문하여 당시의 상황을 생생하게 느끼고, 그 속에서 자신의 감정과 인식을 되돌아보게 하는 것, 나아가 대한민국을 넘어 세계로 꿈을 펼치는 글로벌 리더로 성장시키는 것을 목표로 하고 있습니다.

대산중학교는 3학년 학생들을 대상으로 2023년부터 일본 역사문화 탐방을 진행해왔으며, 2024년에도 이를 이어갔습니다. 올해에는 중국 상하이 역사문화탐방을 계획하고 있습니다. 이는 학생들에게 '교과서 속 지식'을 넘어선 생생한 역사 교육과 국제 감각을 제공하기 위한 지속적인 노력의 일환입니다.

일본에서 마주한 역사와 문화

일본 역사문화 탐방에서 학생들은 우리의 아픈 과거와 마주했습니다. 전쟁과 식민지 시절의 참상을 전하는 역사 현장을 찾았을 때, 학생들은 울분과 비통함을 감추지 못했습니다. 그러나 동시에, 일본 곳곳에 남아 있는 백제 문화와 기술의 흔적을 보며 우리의 문화가 지닌 우수성을 새삼 확인할 수 있었습니다.

과거의 적대적인 관계를 넘어, 선진국으로서 일본이 보여주는 검소한 생활습관, 깨끗하게 관리된 거리, 옛것을 지키고 보존하는 태도 등 긍정적인 면을 관찰하며 새로운 시각을 얻게 되기도 했습니다. 이 과정에서 학생들은 역사에 대한 올바른 인식과 함께, 현재 국제사회에서의 한국의 위치, 그리고 미래를 바라보는 태도와 자세에 대해 깊이 고민하는 시간을 가졌습니다.

국경을 넘어서는 만남

탐방 일정 중, 오사카 덴리시의 한 중학교를 방문하여 일본 학생들과 만나기도 했습니다. 교육청과 학교 관계자들의 환영 속에서 시작된 이 만남은, 양국 학생들이 서로의 문화를 이해하고 가까워지는 계기가 되었습니다. 학생들은 자연스럽게 연락처를 교환하고, SNS를 통해 대화를 이어가며 금세 친밀해졌습니다.

방문한 학교의 모습은 놀랍게도 1970~80년대 한국의 초등학교와 닮아 있었습니다. 신발장, 강당의 자주색 커튼, 교정의 꽃들까지도 낯선 나라에서 느낄 만한 어색함 대신 묘한 익숙함이 밀려왔습니다. 36년이라는 긴 세월 동안, 일본 문화가 우리의 생활과 기억 속 깊이 스며들어 있다는 사실을 깨닫는 순간이었습니다. 이 발견은 달콤한 여행의 한켠에 씁쓸한 여운을 남겼습니다.

배움의 감정, 그리고 다음 여정

아늑한 호텔, 정갈한 식사, 활기찬 상점가, 그리고 귀무덤 같은 아픈 역사 현장까지, 이번 탐방은 학생들에게 수많은 감정과 생각을 안겨주었습니다. 저희는 학생들이 일본에서의 경험을 통해 단순한 관광이 아닌 '역사와 문화 속에서 자신을 성찰하는 시간'을 가졌기를 바랍니다. 그들이 일본의 모습을 바라보며 다시 한국의 현재와 미래를 되돌아보

일본 역사문화체험

고, 국제사회 속 우리의 위치와 역할에 대해 고민할 수 있었기를 기대합니다.

이제 저희는 그 배움의 여정을 중국 상하이로 이어가려 합니다. 중국 역사문화체험에서는 근현대사의 중요한 현장과 문화유산을 직접 탐방하며, 동아시아의 역사와 문화를 폭넓게 이해하고, 더 넓은 시야를 가진 글로벌 시민으로 성장할 수 있도록 할 계획입니다.

2부

함께 만드는 학교,
민주적 협의의 힘

다 같이 모여 다모임

---

1. 민주적인 협의 문화, 그 시작과 변화의 길

교사 이영은

의례적 교직원 협의회를 넘어

과거 우리 학교의 교직원 협의회는 그야말로 '의례적인 행사'에 가까웠습니다. 매주 열리는 회의에서는 부서별, 학년별 전달사항이 끝도 없이 이어졌고, 교무수첩 한 면은 늘 빽빽하게 채워졌습니다. 이어서 교감 선생님과 교장 선생님께서 한 주간의 지시사항과 시정 내용을 전달하셨고, 회의는 점점 무거운 분위기로 가라앉곤 했습니다.

이는 당시 우리 학교만의 문제가 아니었습니다. 교원 중심의 협의 문화 실태를 조사한 여러 연구에서도, 대다수 학교가 전달 중심의 수직적 회의 문화를 가지고 있었고, 구성원 간의 실질적 소통은 부족하다는 평가를 받았습니다.

중요한 교육과정 협의가 필요한 상황에서도 자유로운 논의보다는 몇몇 교사들만이 발언하였고, 다수는 침묵 속에 머물렀습니다. 특히 초임 교사나 저경력 교사들은 회의에서 발언하기보다는 묵묵히 따르는 것이 더 자연스럽게 여겨졌습니다. 협의회는 '의견을 나누는 자리'가 아니라, '지시를 듣고 따르는 자리'에 머물러 있었습니다.

이러한 상황은 의사결정 이후에도 함께 책임지고 실행하기보다는, 발언자나 담당자에게 과도한 부담이 돌아가는 구조로 이어졌습니다. 회의가 조직을 움직이는 도구가 되지 못하고, 오히려 피로를 누적시키는 기제로 작용했던 것입니다.

작지만 큰 변화의 시작, '1/N 발언' 도입

전환점은 2016년, 우리 학교가 혁신학교의 시작인 '행복 나눔 학교'로 지정되면서 찾아왔습니다. 학교는 민주적인 협의 문화의 필요성을 절감하고, 작은 실천 하나를 시작했습니다. 바로 모든 교직원이 협의 시간에 '1/N 발언'을 하도록 하는 규칙을 만든 것입니다.

누구나 차례로 돌아가며 무슨 말이든 해야 했습니다. 처음엔 어색했습니다. 늘 말하던 교사들은 충분히 말하지 못해 답답해했고, 평소 말을 아끼던 교사들은 무슨 말을 해야 할지 몰라 불편해하기도 했습니다. 그러나 이 작은 불편함 속에서도 변화는 서서히 시작되었습니다.

'말해야 한다'는 규칙은 단지 발언의 의무를 부여한 것이 아니라, '경청의 기회'를 만들어 주었습니다. 다양한 관점이 드러나기 시작했고, 평소 말이 적던 교사들의 생각에서도 새로운 통찰이 나왔습니다. 점차 구성원 모두가 '듣고 말하는 일'의 소중함을 체감하기 시작했습니다.

이 변화는 구성원 간의 관계에도 긍정적인 영향을 주었습니다. 서로의 말을 기다려 주고, 다른 의견을 존중하며, 때론 조심스럽게 반대 의견도 말할 수 있는 분위기가 만들어졌습니다. 1/N 발언은 단순한 형식이 아니라, 학교의 문화를 바꾸는 상징적인 실천이었습니다.

협력과 신뢰에 바탕한 '학교 공동체'로

변화는 점점 학교의 운영 방식 전반으로 확산되었습니다. 이전에는 일방적으로 결정되던 사안들도 교직원 간 협의를 거쳐 결정되기 시작했고, 불필요한 행사는 구성원들의 논의를 통해 과감히 정리되었습니다. 업무를 주도하는 교사의 의견이 존중되었고, 관리자는 권한을 나누고 경청하는 리더십을 실천했습니다.

교감 선생님과 교장 선생님은 회의의 분위기를 유연하게 만들고, 갈등 상황에서는 중재자 역할을 자처하며, 교육적 가치에 기반한 결정을 함께 고민하셨습니다. 이 과정에서 '일의 주인'은 관리자 한 사람이 아니라, 교직원 전체가 되어갔습니다.

그 결과 학교는 '지시를 따르는 공간'이 아닌 '함께 만드는 공간'으로 바뀌었습니다. 교사들은 자발적으로 아이디어를 내고, 동료들과 함께 실행 방안을 고민했습니다. 의견이 존중받는 경험은 교사 개개인에게 자긍심을 심어주었고, 학교의 분위기에도 활력을 불어넣었습니다. 무엇보다 협의회를 통해 쌓인 신뢰와 협력의 경험은 수업 혁신으로도 이어졌습니다. 교사들은 서로의 수업을 나누고 피드백하며, 학생 중심 수업을 실현하는 데 함께 힘을 모으게 되었습니다.

끝나지 않은 여정, 함께 만드는 학교

민주적인 협의 문화는 단지 회의 방식의 개선이 아닙니다. 그것은 학교 구성원 간의 관계를 새롭게 정립하고, 운영의 철학을 바꾸는 일이었습니다. 모두가 주체로 참여하고 책임지는 구조는 학교를 더 건강하고 지속 가능한 조직으로 변화시켰습니다.

물론 여전히 갈 길은 멀고, 때때로 어려움도 있습니다. 모두가 만족하는 결론을 도출하는 일은 쉽지 않으며, 갈등이 생기기도 합니다. 그러나 우리는 알고 있습니다. 충돌을 피하기보다는 그 안에서 더 나은 방향을 찾아가는 것이 민주적인 협의의 본질이라는 것을.

지금도 우리는 변화의 여정 한가운데에 서 있습니다. 완성된 모델은 없지만, 함께 만들어가는 이 길이야말로 우리가 가야 할 길임을 믿고 있습니다. 매주 나누는 협의의 시간 속에서, 우리는 서로를 더 깊이 이해하고, 학교의 방향을 함께 고민하며, 공동체로서의 가치를 되새기고 있습니다.

앞으로도 우리는 교육공동체로서의 신념을 지켜나갈 것입니다. 교직원, 학생, 학부모 모두가 주체가 되어 이야기하고 결정하며 성장하는 학교, 그 여정은 지금도 계속되고 있습니다. 그리고 그 여정의 시작은 아주 단순한 데서부터였습니다. 서로의 이야기에 귀 기울이는 일, 바로 거기서부터 학교는 달라지기 시작했습니다. 그리고 앞으로도 그 변화는, 그렇게 계속될 것입니다.

2. '학교 교육과정 만들기 주간' 이야기

교사 유민정

겨울, 다시 한 해를 준비하는 시간

매년 겨울방학이 다가오면, 교사들은 지난 한 해를 되돌아보며 숨을 고릅니다. 교육은 멈추지 않지만, 잠시 멈춤이 필요한 시기이기도 합니다. 우리 학교는 사립학교라는 특성상 공립학교처럼 잦은 인사이동이 있는 것은 아니지만, 늘 새로운 선생님들이 함께하게 되며 변화의 바람이 불어옵니다.

이 시기에 우리는 새로운 한 해의 교육을 준비하며 '학교 교육과정 만들기 주간'을 맞이합니다. 이 시간은 단순한 업무분장이 아니라, 학교라는 공동체가 함께 나아갈 방향을 설정하고, 배움의 과정을 촘촘히 설계해 나가는 중요한 여정입니다.

새로운 만남, 함께 웃으며 시작하기

'학교 교육과정 만들기 주간'은 단지 행정적인 일정을 정리하는 시간이 아닙니다. 무엇보다 중요한 건 사람과 사람 사이의 연결입니다. 그래서 가장 먼저 하는 일은 '서로를 알아가는 시간'입니다.

첫 시간에는 전 교직원이 한자리에 모여 간단한 자기소개와 함께 아이스 브레이킹 활동을 진행합니다. 기존 교직원들은 익숙한 얼굴이지만, 새로 오신 선생님들에게는 학교의 모든 것이 낯설고 조심스럽게 느껴질 수 있습니다. 간단한 게임이나 소그룹 대화, 공동 미션 같은 활동을 통해 웃음을 나누다 보면, 긴장도 자연스럽게 풀립니다. 이 시간을 통해 처음 본 사이지만 빠르게 가까워지고, 이후 이어질 협업을 위한 신뢰의 첫 단추가 채워집니다.

학교의 방향을 함께 세우는 시간

첫날은 교육과정부 부장님의 주도로 한 해의 큰 그림을 소개하는 시간입니다. 연간 주요 행사, 부서별 역할, 업무분장 등이 발표되고, 올해의 중점 추진 과제가 공유됩니다. 이 시간은 학교가 어떤 방향으로 가고자 하는지를 전체 구성원이 함께 이해하고 공감하는 출발점이 됩니다.

이후에는 소그룹으로 나뉘어 교육과정 관련 논의를 시작합니다. 이틀째부터는 본격적으로 부서별, 영역별, 학년별 회의를 통해 세부적인 계획이 만들어집니다. 교육 활동, 체험학습, 평가 방식, 교내 행사 등 일 년의 크고 작은 활동들이 하나하나 채워져 갑니다.

모두의 의견이 모여 만들어지는 교육과정

처음에는 솔직히 이런 토론이 다소 버겁게 느껴지기도 했습니다. "그냥 정해진 대로 따라가면 안 되나?" 하는 생각이 들 때도 있었습니다. 하지만 함께 토의하고, 의견을 조율하며 만들어가는 과정은 학교 교육의 민주성과 공동체성을 깊이 체감하게 합니다.

이 과정은 때때로 길고 지루하게 느껴질 수 있지만, 결과적으로는 더 단단하고 실행력 있는 계획을 만들어 줍니다. 내가 낸 의견이 반영된 계획이기에, 각자 맡은 일을 책임 있게 추진할 힘이 생깁니다. 그 속에서 우리는 '같이 정했기 때문에 같이 실천할 수 있다'는 협력의 가치를 다시금 배우게 됩니다.

학년별 협의로 그리는 '배움의 설계도'

셋째 날에는 학년별로 모여 '우리 학년만의 교육과정'을 구상합니다. 학년의 특성과 학생들의 발달 수준을 고려하여 주제를 정하고, 이에 맞는 융합 수업, 주제 중심 수업, 현장 체험학습 등을 설계합니다.

이날은 형식적인 회의가 아닌 보다 깊은 대화를 나누는 날입니다. 답답한 회의실을 벗어나, 풍경 좋은 카페나 한적한 장소에서 자유롭게 이야기를 나누며 서로의 교육 철학을 공유하고, 아이디어를 주고받습니다. 앞으로 1년간 가장 긴 시간을 함께 보내야 할 학년부 선생님들과의 관계도 이 자리에서 더욱 깊어집니다.

공간을 정리하며 새 출발을 다짐하다

마지막 날은 일련의 논의들을 정리하고, 구체적인 실행 계획을 다듬는 시간입니다. 교무실과 각 부서 공간을 재배치하고, 교사 개인의 자리를 정리합니다. 새로 배정된 자리에 앉아 컴퓨터를 켜고, 자료를 정리하다 보면 "이제 정말 새 학기가 시작되는구나" 하는 실감이 납니다.

모든 공간이 새롭게 정돈되면, 학교 전체가 새로운 기운으로 채워지고, 그 기운은 자연스럽게 학생들에게도 전달됩니다.

함께 만드는 학교, 함께 책임지는 교육

'학교교육과정 만들기 주간'은 단순한 계획 수립의 시간이 아닙니다. 그것은 '학교는 교사 개인의 공간이 아니라, 모두가 함께 만들어가는 공동체'라는 사실을 몸소 체험하는 시간입니다. 토론과 협의, 때로는 이견과 타협의 과정을 거치며, 우리는 하나의 목표를 향해 나아갈 준비를 마칩니다.

이 시간을 통해 우리 학교는 배움이 살아 있는 교육과정, 학생의 삶에 맞닿은 수업, 서로 존중하고 협력하는 공동체를 함께 그려나갑니다.

그리고 그 밑바탕에는 언제나 '함께'라는 가치가 흐르고 있습니다.

앞으로도 이 특별한 시간 속에서, 우리는 또 다른 새로운 1년을 설계하고, 교사로서의 성장과 학교의 발전을 함께 이뤄나갈 것입니다.

〈표 1〉 학교 교육과정 만들기 예시.

1일 차	2일 차	3일 차	4일 차
- 학교장 인사 - 새로운 구성원 소개 및 아이스 브레이킹 - 교감 인사 - 학교 방향, 복무규정 안내 - 업무분장 및 안내 - 진학 운영 방향 - 교육과정 안내 및 협의	교육과정 안내 및 학년 협의 - 자율학기 운영, 시간표, 예산 협의 - 교육 혁신 협의 - 전문적 학습공동체 운영 방안 - 마을교육 논의 - 평가 계획 협의	- 학년별 계획 수립 - 행사 및 일정 협의 (수련회, 체험학습 등)	- 자치활동 운영 계획 - 교직원 주간 일정 협의 - 부서별 업무 협의 및 공간배치 계획 수립 - 교무실 환경 정리 및 준비

◀
교육과정
함께 만들기

학교를 함께 만드는 사람들

---

1. 보다 즐거운 학교 환경을 만들어 보자

교감 정연미

행복했던 순간을 돌아보니

혁신학교 10년(2016년부터 2025년)을 돌아보며 대산중학교 홈페이지의 '행복 나눔 학교 활동' 코너를 찬찬히 살펴보았습니다. 그중에서도 '쉼, 놀이'라는 검색어를 입력해 하나하나 사진을 들여다보다 보니, 지난 시간의 장면들이 새록새록 떠올랐습니다. 사진 속 웃고 있는 아이들, 친구들과 뛰어놀고 있는 모습, 나무 아래 조용히 책을 읽고 있는 장면들을 보며 다시금 마음속에 질문이 피어올랐습니다.

'어떻게 하면 아이들이 더욱 즐겁게 학교를 다닐 수 있을까?'

'어떤 환경이 아이들에게 진정한 행복을 선물할 수 있을까?'

우산 대여에서 시작된 배려 문화

2016년, 학생회는 우산과 실내화를 대여해 주는 활동을 기획하고 운영했습니다. 다목적실에 비치된 '행복 나눔 우산'을 통해 갑작스런 비에도 학생들은 젖지 않고 하교할 수 있었습니다. 작지만 따뜻한 이 배려는 학생들에게 큰 만족을 주었고, 학교가 얼마나 세심하게 학생의 삶을 돌보고 있는지를 보여주는 상징적인 장면이었습니다.

이후 2017년에는 우산포장기를 현관에 설치하고, 각 교실에 우산꽂이를 비치했습니다. 봄철 불규칙한 날씨로 인해 비 오는 날이 많아지는 것을 고려한 세심한 준비였지요. 이 시설들은 단발성으로 끝나지 않고, 2025년 현재까지도 현관과 교실 곳곳에서 꾸준히 활용되고 있어, 당시의 노력이 얼마나 지속 가능한 환경 개선으로 이어졌는지를 보여주고 있습니다.

학교 음악실에 노래방 기기라니!

2018년에는 음악실에 노래방 기기를 비치해 점심시간 동안 활용할 수 있도록 했습니다. 단순한 기계 한 대였지만, 학생들에게는 자신을 표현하고 친구들과 어울릴 수 있는 특별한 쉼의 시간이 되었습니다. 더불어 11월에는 전교생이 함께하는 '쉼, 행복 놀이 레크리에이션'도 진행되었습니다. 컬링 규칙을 배우고 직접 경기도 해보며 아이들은 한바탕 즐거운 시간을 보냈고, 음악을 들으며 편히 쉴 수 있는 휴식도 함께 제공되었습니다. 놀이와 쉼이 어우러진 이 시간은 학생들이 서로를 이해하고 가까워질 수 있는 소중한 계기가 되었습니다.

흔들 그네가 만들어낸 쉼과 사색의 공간

2022년 6월, '쉼이 있는 학교' 공모 사업을 통해 학교 정원에 흔들 그네 3개가 추가 설치되었습니다. 교실 앞 정원 양쪽과 학교의 오랜 역사를 상징하는 은행나무 아래에 각각 설치된 흔들 그네는 단순한 휴식 공간을 넘어, 친구와 이야기를 나누고 사색에 잠길 수 있는 감성의 쉼터가 되었습니다. 기존 2개에 더해 2024년 생태숲 길 1개, 2025년 추가된 1개까지 현재는 총 7개의 흔들 그네가 학교 곳곳에서 학생들을 반기고 있습니다. 흔들 그네에 앉아 느릿하게 흐르는 바람을 맞으며 보내는 그 시간은 바쁜 하루 속의 소중한 쉼표입니다.

자율 속에서 피어난 활기찬 문화

2022년 9월에는 학예관에 코인 노래방 기기 2대가 설치되었습니다. 학생들은 자율적으로 이용 규칙을 정하고 당번을 운영하며, 서로 배려하고 질서를 지켜가며 즐거운 공간을 만들어가고 있습니다. 점심 시간에는 체육 시설이 전면 개방되어, 탁구, 배드민턴, 축구, 농구 등 다양한 스포츠 활동이 자유롭게 이루어지고 있습니다. 학생회는 체육기구 사용과 공간 정리에 대한 규칙을 마련하고, 누구나 공평하게 즐길 수 있도록 꾸준히 살펴보고 있습니다.

더불어, 전통놀이 체험도 함께 이루어지고 있습니다. 투호, 윷놀이, 대형 장기판 등은 학생들에게 색다른 재미를 선사하며, 세대를 넘는 놀이 문화의 의미도 자연스럽게 체득하게 합니다. 쉼과 놀이가 뒤섞인 점심시간은 어느새 대산중학교의 일상이자, 문화로 자리 잡게 되었습니다.

자연과 함께하는 배움의 공간, 생태숲

2023년 10월부터 2024년 5월까지는 학교 뒤편 후림을 생태학습 공원으로 조성하는 프로젝트가 진행되었습니다. '감성의 숲', '배움의 숲', '생각의 숲길'로 이름 붙여진 이 숲길은 단지 걷는 길이 아닙니다. 건강을 챙기고, 계절의 변화를 느끼며, 살아 숨 쉬는 자연을 만나는 생태적 쉼의 공간입니다. 연못에는 부레옥잠과 올챙이, 물방개 등 다양한 생물들이 자리 잡아 학생들의 관찰 학습에도 활용되고 있습니다. 숲은 교과서 밖의 배움이 일어나는 살아 있는 교실이 되었습니다.

해먹 속 여유, 꽃 속의 산책

2024년에는 해먹 3개가 설치되었습니다. 해먹 안에 들어가 누워 하늘을 바라보고, 친구들과 함께 이야기를 나누며 웃고, 조용히 사색을 즐기기도 합니다. 학생들은 마치 애벌레처럼 해먹에 몸을 맡기고, 바람을 타고 쉬는 그 시간을 소중히 여깁니다.

학교 곳곳에는 사계절 내내 꽃이 피어납니다. 동백, 산수유, 히아신스, 튤립, 수선화, 영산홍, 병꽃나무, 모란, 꽃잔디, 라일락, 왕벚꽃 등 다양한 꽃들이 교정을 아름답게 물들입니다. 오늘 산책 중 마주한 하얀 마거리트가 마음을 환히 밝혀주었고, 소나무 아래 심어진 맥문동도 짙푸르게 자라나며 계절의 기운을 전해주고 있었습니다. 올여름 피어날 연보랏빛 맥문동 꽃을 생각하니 벌써부터 기대가 됩니다.

배려와 실천의 시간이 만들어 낸 공간

이렇듯 대산중학교의 혁신학교 10년을 돌아보면, '어떻게 하면 학생들이 더 즐거워할까?', '어떻게 해야 학교가 더 행복한 공간이 될까?'라는 질문에 대해 치열하게 고민하고, 그것을 하나하나 실천으로 옮긴 시간들이 고스란히 담겨 있음을 느낍니다.

놀랍고도 감동적인 점은, 그 시설과 프로그램들이 10년이 지난 지금도 여전히 잘 유지되고 있고, 오히려 학생 자치의 힘으로 더 발전해 가고 있다는 사실입니다. 지금 이 순간에도, 사계절의 변화 속에서 피

쉼이 있는 생태숲의 모습

어나는 꽃과 나무를 벗 삼아, 학생들과 교직원들은 다양한 공간에서 여유를 누리고, 서로의 마음을 채워가고 있습니다. 숲이 있는 아름다운 학교, 대산중학교에서 쉼을 누릴 수 있다는 것, 그것이야말로 우리 모두에게 주어진 가장 큰 선물이며 행운일 것입니다.

앞으로도 이 따뜻한 노력들이 이어져, 대산중학교가 더욱 행복한 배움터로 자리매김하길 진심으로 기대해봅니다.

2. 우리가 만드는 학교, 학생자치회 이야기

교사 최승완

첫 만남, 책임감이라는 이름으로

처음 대산중학교에 임용되어 교문을 들어서던 날, 설렘과 긴장이 교차하던 그 순간이 아직도 생생합니다. 교무실 책상 위에 놓인 업무배정표에서 제 이름 옆에 적힌 단어는 '학생자치회'였습니다.

"학생들이 학교의 주인이 될 수 있도록 도와주는 게 중요해요."

선배 교사들의 조언은 짧았지만 강한 울림을 주었습니다.

그 순간, 제 마음속에는 알 수 없는 책임감이 자리 잡았습니다. 과연 학생들이 스스로 학교를 변화시킬 수 있을까? 사실 그때는 확신이 없었습니다. 하지만 분명한 것 하나는 있었습니다. '학생들에게 자기 목소리를 낼 수 있는 기회를 주자.' 그것이 제가 세운 첫 번째 목표였습니다.

학생들의 손으로 세우는 첫걸음

가장 먼저 시작한 일은 학생자치회 임원을 구성하는 일이었습니다. 단순히 교사가 지명하거나 지원서를 받아 임명하는 방식이 아닌, 민주적인 선거 과정을 통해 학생들이 직접 대표를 선출할 수 있도록 계획했습니다.

선거관리위원회를 꾸리고, 후보자들은 포스터를 만들고 공약을 발표했습니다. 누구보다 진지한 표정으로 유권자 앞에 선 아이들의 모습은 그 자체로 배움의 과정이었습니다. 회장과 부회장이 선출된 후에는 그들이 다시 부장과 차장을 선발하도록 했습니다. 신청서 접수, 면접 진행, 질문 구성까지 모두 학생들이 주도했습니다.

"부장과 차장이 의견이 다를 때 어떻게 해결할 건가요?"

"체육행사를 맡게 된다면 어떤 새로운 시도를 해보고 싶나요?"

이처럼 단 한 번의 임원 선발 과정도 학생들은 진지하게, 주도적으로 임했습니다. 그 눈빛을 보며 저는 느꼈습니다.

"학생들에게 기회를 주면, 아이들은 생각보다 훨씬 더 놀라운 결과를 보여준다."

함께 성장하는 리더십 캠프

임원 구성이 끝난 뒤, 우리는 리더십 캠프를 기획했습니다. 처음엔 '리더'라는 호칭이 낯설기만 했던 아이들이 스스로를 돌아보고, 책임의 의미를 배우는 자리가 되길 바랐습니다.

전문 강사를 초청해 리더십의 기본을 배우고, 팀별로 미션을 수행하며 협동심을 키웠습니다. 야외 활동, 공동 식사, 발표와 피드백 시간까지, 캠프를 통해 학생들은 진정한 리더십이란 무엇인가에 대해 고민하고, 함께 이끌어가는 경험을 했습니다.

"선생님, 내년에는 1박 2일로 더 길게 하고 싶어요!"

캠프가 끝난 뒤 학생들이 꺼낸 이 말은 곧 현실이 되었습니다.

'학생 참여 예산제'를 통해 1박 2일 리더십 캠프를 직접 제안했고, 그 계획은 다음 해 예산에 반영되었습니다. 장소 섭외, 프로그램 기획, 일정 운영까지 대부분을 학생들이 맡았고, 교사는 최소한의 지원을 했습니다. 그 과정에서 아이들이 얻은 가장 큰 배움은 이것이었습니다.

"우리가 제안하면, 학교는 바뀔 수 있다."

고구마켓, 따뜻한 마음을 나누다

2024년 겨울, 대의원회 회의 중 뜻밖의 제안이 나왔습니다.

"불우이웃을 돕기 위한 바자회를 열어보면 어떨까요?"

이 작은 아이디어는 '고구(고립된 이웃에게 구원의 손길을)마켓'이라는 이름의 행사로 이어졌고, 대산중학교 전교생과 교직원이 함께한 뜻깊은 나눔의 장이 되었습니다.

기부 물품 수집부터 가격 책정, 판매 운영, 질서 유지까지 전 과정에 학생들이 주도적으로 참여했습니다. 음식을 준비한 학생, 홍보 영상을 만든 학생, 정리정돈을 맡은 학생까지 각자의 역할을 충실히 수행하며 '나눔'의 의미를 되새겼습니다. 수익금은 전액 '사랑의 열매'에 기부되었습니다. 행사 후 피곤한 몸을 이끌고 쓰레기를 정리하던 학생들의 얼굴엔 피곤함보다 뿌듯함이 가득했습니다.

"우리가 기획한 일이 세상을 조금 더 따뜻하게 만들었다."

그날, 아이들은 그 사실을 온몸으로 느꼈습니다.

교실 밖에서 피어난 민주주의

학생자치회는 단순한 행사 기획에서 멈추지 않았습니다. 스승의 날에는 선생님들에게 '애칭'을 붙이고, '감동상' '인간미상' 같은 특별한 상장을 직접 만들어 드리며 따뜻한 웃음을 나눴습니다. 또한 학교폭력 예방 캠페인을 기획해 아침 등굣길 인사, 캠페인 문구 손글씨, 서명운동 등을 스스로 진행했습니다. 체육 한마당에서는 학생들이 직접 종목을 정하고, 경기 규칙을 만들고, 심판 역할까지 수행했습니다. 그 결과 참여율이 훨씬 높아졌고, 학생들 스스로 프로그램을 '내 일'로 여기기 시작했습니다.

급식실에서는 자치회 임원들이 2인 1조로 돌아가며 줄서기와 착석 지도를 맡았습니다.

"옆 친구와 붙어서 앉아주세요!"

학생들이 직접 말하니 훨씬 자연스럽고 부드러운 분위기가 만들어 졌습니다. 교사의 지도가 아니라, 학생 리더의 행동이 더 큰 효과를 내는 순간이었습니다.

더 나은 회의를 위한 실험, 소모둠 대의원회

과거의 대의원회는 안건 전달 중심의 형식적인 회의였습니다. 몇몇 대표만 발언하고, 대부분은 조용히 지켜보기만 했습니다. 이를 변화시키고 싶어 한 학생회장의 제안으로 우리는 새로운 방식을 도입했습니다. '소규모 모둠형 회의'.

학년, 성별 등을 고려해 다양한 모둠을 만들고, 3학년 학생이 리더가 되어 주어진 안건에 대해 사전 토론을 진행하는 방식이었습니다. 이후 전체 회의에서 모둠의 의견을 공유하면서 자연스럽게 모든 학생이 참여할 수 있는 구조가 완성되었습니다.

이 회의 방식은 자기 생각을 말하고, 친구의 생각을 경청하며, 함께 결정을 내려가는 과정 자체가 민주주의임을 가르쳐주었습니다. 아이들은 배웠습니다. 민주주의는 거창한 것이 아니라, 서로의 이야기를 듣는 데서 시작된다는 것을.

학교를 '내 공간'이라 느끼는 변화

학생자치회는 학교의 공간과 문화를 바꾸는 데도 힘을 보탰습니다. 점심시간에 학예관, 체육관을 개방해 자율적인 활동이 가능하도록 규칙을 만들고 관리 인원을 정했습니다. 밴드 연습, 농구, 탁구 등 다양한 활동이 이 공간에서 이루어졌고, 자치회는 사용 규칙과 질서를 책임졌습니다.

또한 외부 프로그램으로는 청소년 인권영화제에 참가해 청소년 범죄, 인권 문제를 주제로 토론하고, 직접 시나리오를 작성해 단편영화를 제작하기도 했습니다. 촬영, 연기, 편집까지 전 과정을 경험한 학생들은, 표현과 기획, 협업과 기술의 만남 속에서 교육의 새로운 면을 발견하게 되었습니다.

이 모든 경험은 학생들에게 한 가지 메시지를 전했습니다.

"학교는 내가 변화시킬 수 있는 공간이다."

학교의 주인은 누구인가, 우리가 만든 변화

돌아보면 처음 학생자치회를 맡았을 때, 아이들은 조심스러운 눈빛으로 물었습니다.

"선생님, 저희가 할 수 있을까요?"

하지만 지금은 당당하게 말합니다.

"선생님, 저희가 해보겠습니다."

학생자치회를 통해 아이들은 기획하고, 실현하고, 실패하고, 다시 도전하면서 진짜 배움을 경험해 왔습니다. 그것은 교과서로는 가르칠 수 없는 생생한 민주주의 교육이자, 스스로를 존중하는 법을 배우는 과정이었습니다. 이제 학생자치회는 단순한 조직이 아닙니다. 학교 문화를 변화시키는 주체이자, 학생들이 '학교의 주인'임을 배우는 살아 있

학교장과 대의원들의 간담회

리더십캠프

대의원회

대의원회 소그룹 회의

는 교육 현장입니다.

　지난 10년간 대산중학교 학생자치회는 작은 일부터 큰 변화까지 수많은 길을 걸어왔습니다. 그리고 그 모든 여정의 중심에는 언제나 학생들이 있었습니다. 앞으로도 이 아이들이 만들어갈 학교의 모습이 더욱 기대됩니다. 왜냐하면, 학생이 진짜 학교의 주인일 때, 학교는 비로소 살아 있는 배움터가 되기 때문입니다.

3. '건강한 학교' 만들기 10년!

교사 김진규

함께 걸어온 건강한 10년

혁신학교로서의 지난 10년은 단순히 시간의 흐름을 의미하지 않았습니다. 대산중학교에서의 10년은 '성장'이라는 단어의 깊이를 날마다 새롭게 배워온 시간이었습니다. 교실 안에서 지식을 쌓는 데 그치지 않고, 아이들의 몸과 마음, 그리고 공동체 전체의 건강을 함께 가꾸는 것이야말로 진정한 교육의 본질임을 믿었기에 우리는 '건강한 학교'를 향한 발걸음을 멈추지 않았습니다. 이제, 우리가 함께 내딛은 건강한 걸음들, 그 작지만 소중했던 변화의 이야기를 다시 되짚어 보려 합니다.

발끝에서 시작된 변화, '맨발 걷기'의 힘

변화는 가장 낮은 곳, 발끝에서부터 시작되었습니다. 맨발 걷기 프

맨발 걷기 활동

로그램은 단순한 체력 증진을 넘어, 아이들이 자기 몸의 감각에 집중하고 스스로 건강을 돌보는 계기를 마련했습니다.

2019년, 여름날과 가을날의 등굣길 아침마다 운동장은 맨발로 걷는 아이들로 북적였습니다. 세 바퀴를 돌며 시작하는 하루는 아이들에게 활력을 불어넣었고, '자연이다!'라는 이름의 맨발 걷기 동아리를 통해 학교 뒷산 숲길에서도 그 실천은 이어졌습니다. 체육수업 준비운동으로도 맨발 걷기를 적용하여, 자연스럽게 일상 속 건강 습관을 만들고자 했습니다.

맨 처음엔 낯설고 까끌거렸던 흙의 감촉도 시간이 흐르며 아이들에게는 포근함과 상쾌함으로 다가왔습니다. 발바닥을 통해 온몸으로 전달되는 자연의 감각은 아이들에게 신체 감각을 일깨우는 특별한 경험이자, 건강의 지혜를 배우는 시간이었습니다.

땀과 함께 자라는 자신감, 스포츠클럽 활성화

아이들의 에너지를 발산할 건강한 공간도 필요했습니다. 우리는 희망 종목 조사를 통해 배드민턴, 축구, 족구 등 스포츠클럽을 구성하고, 전문 강사를 초빙해 실력 향상과 즐거움을 동시에 추구했습니다. 방과 후와 토요일에도 스포츠를 즐길 수 있도록 환경을 조성했으며, 교내외 대회를 목표로 삼아 참여 동기를 높였습니다. 그 결과 2019년에는 도지사기 족구대회 우승, 축구대회 준우승 등 괄목할 만한 성과를 거두며 아이들에게 성취감과 자부심을 안겨주었습니다.

스포츠는 단지 기술을 배우는 시간이 아니었습니다. 함께 땀 흘리며 목표를 향해 나아가고, 승패를 경험하면서 협동심과 자신감을 키우는 소중한 배움의 장이 되었습니다. 운동장 위에서의 그 땀방울은 곧

도지사기 족구대회 우승

아이들의 건강한 성장의 증거였습니다.

든든한 한 끼의 힘, 아침밥 먹기 캠페인

건강한 몸은 먹는 것에서 비롯됩니다. 특히 성장기 학생들에게 아침 식사는 집중력과 체력 유지에 있어 중요한 역할을 합니다. 우리 학교는 아침밥 먹기 캠페인을 통해 등굣길에 간단한 대용식을 나눠주며 아침 식사의 중요성을 알렸고, 가정통신문을 통해 학부모와의 연계도 강화했습니다. 아침밥은 공복을 채우는 것을 넘어 하루를 시작하는 에너지였고, 따뜻한 안부 인사와 함께 나누는 아침 식사는 아이들과 교직원 간의 정서적 유대감을 깊게 해주는 시간이었습니다.

또한, 매주 수요일 '그린 데이(수다날)'를 운영하여 편식 없이 골고루

바른 식습관 캠페인

먹는 습관을 유도했습니다. 잔반 없이 식사한 학생에게 스티커를 주고, 학급별 우수 참여 시 소정의 간식을 제공하며 재미와 실천을 함께 잡았습니다.

건강한 습관의 시작, 위생 관리와 구강 건강

눈에 보이지 않는 작은 습관이 평생의 건강을 좌우합니다. 우리 학교는 서산시 보건소와 협력해 전교생을 대상으로 구강 건강 교육과 불소 바니쉬 도포, 불소 용액 양치 프로그램을 정기적으로 운영하였습니다.

단순한 치료를 넘어서 예방 중심의 교육을 통해 아이들은 올바른 칫솔질 방법과 구강 위생의 중요성을 배우며, 자기관리에 대한 책임감을 키워나갔습니다. 작은 양치 컵 하나, 1분의 가글 습관이 미래의 건강을 지키는 커다란 울타리가 된다는 사실을 배워가는 과정이었습니다.

몸으로 푸는 스트레스, 교내 체육대회

신나는 체육 활동은 아이들에게 가장 즐거운 스트레스 해소 방법입니다. 우리 학교는 명지중학교와의 연합 체육대회, 교내 줄넘기 대회, 배구 대회 등 다양한 종목의 체육행사를 열어 아이들이 맘껏 뛰고 소통할 수 있는 기회를 마련했습니다.

이러한 대회는 학급 간 단합을 넘어, 선후배 간 유대와 소통의 장이 되었고, 무엇보다 쌓인 학업 스트레스를 건전하게 해소하며 학교생활에 활력을 불어넣었습니다.

스스로 지키는 안전, 체험 중심의 예방 교육

우리 아이들이 안심하고 자랄 수 있는 환경을 만드는 것, 그것이 교육의 시작입니다. 우리는 학교폭력 예방 교육과 캠페인을 꾸준히 실시하고, 가정과의 연계를 통해 예방 의식을 생활 속에서 실천할 수 있도록 힘썼습니다.

2019년에는 체험 중심의 흡연·음주 예방 교육도 실시하여 단순한 정보 전달을 넘어 실질적인 경각심을 심어주었습니다. 그 결과 학교폭력 발생 건수가 크게 감소하였고, 아이들 스스로 안전한 학교 만들기의 주체가 되었습니다.

함께 걷는 건강의 길, 지역과 연결된 건강 공동체

건강한 학교는 혼자 만들 수 없습니다. 우리는 맨발 걷기 전문가를 초청해 학생, 학부모, 지역 주민이 함께 건강 지식을 나누고, 계족산 맨발 걷기 행사를 통해 교육공동체가 함께 건강을 체험하는 시간을 가졌습니다.

손을 맞잡고 흙길을 걸으며 나눈 대화, 함께 웃으며 흘린 땀은 학교와 가정, 지역을 하나로 연결해 주는 귀중한 경험이었습니다. 아이들은 이 경험을 통해 '나 하나의 건강'이 아닌 '우리 모두의 건강'을 생각하는 시야를 갖게 되었습니다.

건강한 삶을 위한 끝나지 않은 여정

지난 10년 동안, 우리는 아이들의 몸과 마음을 튼튼히 키우는 길 위에서 수많은 실천과 노력을 이어왔습니다. 흙길 위 맨발 걷기에서부터 식탁 위 따뜻한 밥 한 끼, 운동장 위의 땀방울, 양치 컵 속의 습관까지 이 모든 순간이 아이들의 삶을 지탱하는 힘이 되었습니다.

앞으로도 대산중학교는 건강을 교육의 핵심 가치로 삼고, 아이들이 주도적으로 자기 삶을 가꾸어갈 수 있도록 지지하고 동행할 것입니다. 함께 걸어온 10년, 그리고 앞으로 함께 만들어갈 더 건강한 미래를 기대하며, 우리는 오늘도 묵묵히 흙길 위를 걸어갑니다.

학교라는 무대의 또 다른 주인공

1. 행정에서 혁신으로-공간이 바꾼 학교 풍경

행정실장 김은희

혁신의 시간, 공간의 기억으로 남다

2016년 8월, 한여름의 뜨거운 햇볕 아래 저는 이 학교에 첫발을 디뎠습니다. 흔히들 "학교는 방학이 있어 좋겠다"고들 하시지만, 행정실은 학기 중에 미뤄두었던 사업들을 방학 기간에 처리해야 하기에 늘 시간과의 싸움을 벌여야 합니다. 부임했던 그해 여름방학에도 교사동 마루 교체 공사가 한창이었고, 개학 전에 집기류를 재배치하며 2학기

129

를 무리 없이 준비해야 했기에 정신없는 하루하루를 보냈던 기억이 납니다.

'교육환경 개선사업'이라는 이름으로 수많은 도면과 계약서, 공문이 제 책상 위에 쌓여갔고, 처음엔 그저 행정 업무로만 여겼습니다. 하지만 어느 날 문득 깨달았습니다. 이 일이 단순한 '시설 개선'이 아니라는 것을요. 아이들의 하루를 바꾸고, 태도를 바꾸고, 관계를 바꾸는 일이었습니다. 공간을 수리하는 것이 아니라, 공간을 새롭게 기획하는 일이었습니다.

어느 해에는 제한적인 구조의 일자형 교사동을 좀 더 역동적이고 창의적인 공간으로 만들고자 색채의 다양성을 도입하였고, 쉼터와 Wee클래스 공간을 새롭게 구성했습니다. 아이들이 앉아서 쉴 수 있고, 친구와 조용히 이야기할 수 있는 작은 자리였지만, 그 공간에서 갈등이 줄고 아이들의 웃음이 늘어났다는 이야기를 들었을 때, 공간이 사람을 변화시킨다는 사실을 실감했습니다.

행정은 눈에 잘 띄지 않지만, 그 결과는 사람의 일상 속에 조용히 스며듭니다. 저는 선생님들처럼 모든 학생의 이름을 기억하지는 못하지만, 아이들이 머무는 공간을 설계하며 창 너머 나무 그늘을 상상하고, 그 안에서 아이들이 마음껏 상상할 수 있는 교정을 그려봅니다.

학교의 혁신은 언제나 사람과 공간의 변화를 동반합니다. 좋은 수업을 위해서는 좋은 교실이 필요하고, 안전한 학교생활을 위해서는 안정적인 인프라가 뒷받침되어야 합니다. 눈에 보이지 않지만, 사람의 손과 시간, 판단과 고민이 담긴 공간은 그 자체로 교육입니다. 지난 10년,

저는 그 '조용한 교육'을 감당하며 행정의 본질과 교육의 가치를 다시금 배웠습니다.

미래를 향한 교육 환경, 기술과 생태가 공존하다

2021년 이후의 사업은 단순한 물리적 개선을 넘어, 교육과정과 긴밀히 연결된 공간 구축에 초점을 맞추었습니다. AI 융합교육과정 운영, 온라인 스튜디오 구축, 지능형 교실 조성은 미래 교육의 기반을 다지는 작업이었고, 한뫼 책뜨락, Wee클래스, 예술교과 공간 등은 아이들이 머무르고 싶어 하는 배움의 공간을 만드는 데 큰 기여를 했습니다.

2023년에는 학교숲 생태학습공원, 운동장 트랙과 차양 설치, 학교 체육시설 안전성 강화 사업이 진행되었습니다. 이는 '쉼과 움직임의 균형'을 고민한 결과였습니다. 아이들은 자연 속에서 뛰고 쉬며, 스스로 호흡할 줄 아는 배움의 리듬을 익혀 나갔습니다.

그리고 2024년, 교사동 승강기 설치, 교직원 휴게실 확충, 안전한 승하차 회로 설치는 생태와 안전, 존중과 배려의 가치를 공간에 담은 시간이었습니다. 뜨거운 햇볕과 매서운 추위 속에서도 묵묵히 작업에 최선을 다해주신 작업자분들, 학사일정을 고려해 환경 개선에 협력해주신 선생님들, 반복되는 공사로 불편했을 텐데도 수긍하며 배려해 준 학부모님과 학생들. 그 모든 정성과 배려가 이 학교를 바꾸었습니다. 공간은 사람을 닮고, 사람은 공간에 물든다고 믿습니다. 아이들이 걷는 복도, 선생님들이 머무는 휴게실, 나무가 자라는 교정 곳곳에 우리가 바란 교육의 철학이 스며들기를 소망합니다.

학생들이 실험하고 토론하며 협업하는 풍경이, 우리 학교 교육이 지향하는 민주성과 창조성의 실현이라는 것을 몸소 보여주고 있다고 생각합니다. 학교숲 생태학습공원 역시 마찬가지였습니다. 단순한 조경사업이 아니라, 학교 안에서 자연을 체험하고 생태를 배우는 '살아 있는 교과서'를 만드는 일이었습니다. 그 나무와 풀, 곤충과 새들은 아이들에게 침묵 속에서 깊은 가르침을 주고 있습니다. 생명의 순환, 공존의 가치, 흙냄새와 햇살, 바람에 흔들리는 나뭇잎을 바라보는 그 순간들이야말로 교육의 시작임을 저는 이 공간을 통해 배웠습니다.

어느 날, 벤치에 앉아 사색에 잠긴 아이의 모습을 보며 생각했습니다. 만약 이 아이가 자연 속에서 스스로를 돌아보는 시간을 갖는다면, 이 공간은 이미 하나의 교과서가 된 것이 아닐까요?

교육행정은 '미래를 여는 설계'

저는 행정가입니다. 예산을 세우고, 계획을 수립하며, 공사를 관리하고, 결과를 보고합니다. 하지만 그것이 전부는 아니라고 생각합니다. 제가 믿는 행정은 단순한 '관리'가 아니라 '기획'이며, '시행'이 아니라 '공감', '결산'이 아니라 '미래를 여는 설계'입니다.

되돌아보면, 지금의 공간은 한 사람의 이름이 아니라 공동체 모두의 바람과 지혜가 만들어낸 결과였습니다. 저는 이제 믿습니다. 공간은 기억이 되고, 그 기억은 아이들의 태도와 삶에 스며들게 됩니다.

햇살 좋은 날, 학교숲의 그늘 아래 앉아 친구와 나눈 대화가 아이들의 마음속에 오래도록 남기를 바랍니다. 선생님들의 기억에, 아이들의 걸음 사이에, 이 교정의 나무 그늘 속에 그 시간들이 조용히 머물기를 소망합니다.

2. 교사와 함께 만드는 교육, 조용한 동행

"행정사님, 이 문서 어떻게 써야 할지 잘 모르겠어요."

"그럼 제가 함께 볼게요. 이 부분은 이렇게 고치면 좋을 것 같아요."

서산 대산중학교 교무실에서는 하루에도 여러 번 이런 대화가 오갑니다. 대수롭지 않게 들릴 수 있는 이 짧은 말들이, 제가 교무행정사로서 지내온 9년간의 시간과 자리를 가장 잘 설명해 줍니다. 누군가에게는 한 줄짜리 도움일 수 있지만, 저에게는 '같이 학교를 만들어간다'는 실감이 담긴 중요한 순간이기도 합니다.

저는 2016년부터 대산중학교 교무행정사로 근무하고 있습니다. 9년 전 처음 이 자리에 배치되었을 때만 해도, 교무행정사라는 직책은 학교 안에서조차 낯선 개념이었습니다. 하지만 지금, 저는 확신합니다. 학교의 교육은 교사 혼자 만드는 것이 아니라, 조용하지만 필수적인 누군가의 손길과 발걸음이 함께할 때 완성된다는 것을요.

낯선 자리에서 시작된 새로운 역할

제가 대산중학교에 처음 배치받았던 해는 혁신학교의 명칭이 '행복 나눔 학교'로 바뀌며 첫 출발을 하는 시점이었습니다. 교사들 사이엔 변화에 대한 기대와 열의가 가득했지만, 동시에 새로운 시도를 위한 부담과 행정적 피로도 함께 커지고 있었습니다. 그런 시기에 저는 '교무행정사'라는 이름으로 학교에 들어섰습니다.

그러나 솔직히 말해, 저 스스로도 제 역할이 무엇인지 정확히 모르고 있었습니다. 처음 몇 주는 "출력 좀 해주세요", "이거 복사 부탁드려요"라는 요청을 처리하며 단순한 사무 보조원의 느낌으로 자리를 채우고 있었습니다. 하지만 일이라는 것이 반복되다 보면 그 틈에서 '필요'를 보게 됩니다.

어느 날 한 선생님이 점심시간에도 책상 앞에 앉아 공문을 작성하고 계셨습니다. "이거 내일까지 제출인데, 자꾸 틀이 안 맞아서 처음부터 다시 쓰고 있어요." 그 모습을 보면서 '저 일이 내가 맡아야 할 일 아닐까?' 하는 생각이 들었습니다. 그 후부터 저는 먼저 손을 들기 시작했습니다. "선생님, 제가 이 양식 정리해드릴게요", "내일부터 주간계획표는 제가 초안 작성해두겠습니다"라고요.

그렇게 하나둘 제 일의 영역이 넓어졌습니다. 처음에는 조심스럽고 어색했던 교사들과의 협업도 점차 자연스러워졌고, 어느새 저는 학교 행정이라는 배경 무대를 책임지는 한 사람으로 자리 잡고 있었습니다.

수업은 교사의 몫, 준비는 함께

수업과 행사의 아이디어는 교사에게서 시작되지만, 그 아이디어가 실현되기까지는 함께 손을 맞잡는 누군가의 손길이 필요합니다.

한 번은 한 선생님께서 "이런 내용으로 활동지를 만들어 보고 싶은데, 어떻게 구성해야 할지 모르겠어요"라고 고민을 나누셨습니다. 저는 활동지의 흐름을 구상하고, 학생 눈높이에 맞춰 시각적 구성과 자료 배치를 설계해 초안을 만들었습니다. 완성된 결과물을 본 선생님께서 "이 정도면 바로 수업에 쓸 수 있겠어요"라며 웃으실 때, 저는 정말 교사와 함께 수업을 만들어가고 있다는 실감을 얻었습니다.

그 이후로도 저는 인성, 효, 청렴 같은 다양한 주제의 주간 활동 자료를 준비할 때마다 단순한 업무 처리자가 아닌, 교육 활동의 동반자로서 먼저 고민하고, 먼저 제안하고, 먼저 준비하려 노력합니다. 교육은 결국 사람과 사람이 함께 만들어가는 일이기에, 그 준비 또한 누군가의 마음이 닿아야 완성된다는 것을 저는 배웠습니다.

실무의 힘, 작은 변화의 시작

학교라는 공간은 하루에도 수십 건의 행정 서류와 절차가 필요합니다. 각종 회의자료, 행사계획안, 공문, 안내장 등 끝없는 서류 속에서 교사는 교육의 본질을 지키기 위해 행정의 무게를 견디고 있습니다. 그 무게를 덜어주는 것이 제가 할 수 있는 일이라 생각합니다.

예를 들어, 회의자료를 만들던 시기에 복잡한 예산계산을 손으로 일일이 해야 했던 일이 있었습니다. 그래서 저는 자동계산이 가능한 엑셀 서식을 만들어 공유했습니다. 이후 선생님들께서는 "계산 실수도 줄고, 작성 시간이 절반으로 줄었다"고 말해주셨습니다. 이처럼 눈에 잘 띄지 않는 실무지만, 그 변화는 분명한 차이를 만듭니다. 반복되는 공문 양식을 체계화하고, 문서 파일을 표준화해 공유 저장소에 정리하는 일만으로도 학교 전체의 업무 흐름이 효율적이고 체계적으로 바뀌게 됩니다.

교사 한 분 한 분의 시간을 아끼고, 수업에 몰입할 수 있는 여유를 만들어 주는 일. 저는 그 실무의 힘이 학교 혁신의 시작이라 믿습니다.

교육 활동의 뒤를 지키는 보이지 않는 손길

혁신학교는 다양한 교육 시도를 중요하게 생각하고, 그 과정과 결과를 기록하며 나누는 문화가 강조됩니다. 저는 학교 신문 제작과 활동 보고서 정리에서도 조력자로 함께해왔습니다.

교육 활동 신문을 만들던 어느 겨울, 저는 촬영된 사진을 정리하고, 활동 내용을 문장으로 다듬고, 표지와 레이아웃까지 구성하는 작업을 맡았습니다. 담당 선생님께서 "이건 행정사님 아니었으면 절대 못 만들었어요"라고 해주셨을 때, 저는 기록으로 남는 교육의 순간에 제 손길이 함께하고 있다는 자부심을 느꼈습니다.

행사가 끝난 뒤 정리해야 할 보고서나 결과물도 교사들에게는 큰 부담이 될 수 있습니다. 저는 그런 문서들의 양식을 미리 구성하고, 내용 정리를 함께하면서 학교의 흐름이 단단히 이어질 수 있도록 조용히 뒤를 받쳐주는 손길이 되고자 했습니다.

앞으로도, 수업 밖에서 학교를 함께 만들어갑니다

지난 9년 동안 교무행정사로 일하며 제가 가장 크게 느낀 것은, 이 자리가 단순한 업무 보조자가 아닌 학교의 동료로서 존중받는 자리였다는 점입니다. "이건 행정사님의 손이 필요해요"라는 말씀을 들을 때면, 저는 더 큰 책임감을 느끼며 업무에 임하게 되었습니다.

서류 하나, 안내장 한 장을 만들 때도 저는 항상 생각합니다. 그 너머에는 누군가의 수업이 있고, 학생들의 하루가 있으며, 교육이라는 커다란 흐름이 있다는 것을요. 앞으로도 저는 수업 밖의 자리에서, 그러나 학교 안의 교육을 함께 지탱하는 조용한 동행자로 남고 싶습니다. 아이들의 배움과 교사들의 열정이 흔들림 없이 이어질 수 있도록, 오늘도 묵묵히 제 자리를 지켜나가겠습니다.

3. 배움의 길목에서 만난 인연

배움터 지킴이 송명수

아침을 여는 인사, 그 따뜻한 시작

참 무더운 여름입니다. 연일 뜨거운 햇살이 쏟아지는 오후, 저는 익숙한 자리인 도서관에서 일본어 공부를 하고 있었습니다. 평소처럼 집중하던 중, 반가운 이름이 휴대폰 화면에 떴습니다. 대산중학교의 혁신교육부장이신 유민정 선생님이었습니다. 그분은 제가 대산중학교 정문에서 학생들의 등굣길을 돕는 '배움터 지킴이' 봉사를 하고 있는 것을 잘 알고 계신 분입니다.

그날 유 선생님의 말씀 속에는 반가운 인물 한 명의 이름이 있었습니다. 제가 1년 가까이 아침마다 차를 태워 등교를 도왔던 환성3리의 김지순 학생입니다. 유 선생님은 바로 그 아이의 담임이었습니다. 수학을 가르치시며 지순이를 누구보다 잘 이해하고 계셨습니다. 그렇게 우연히 연결된 인연이 다시 이어지면서 제 가슴속엔 따뜻한 기쁨이 번져

139

갔습니다.

아이들과 함께한 기억들

아침 등교 시간은 단순한 '봉사' 이상의 의미를 지닙니다. 제가 배움터 지킴이로 학생들을 맞이하면서 겪는 하루하루는 그 자체로 선물 같은 시간들입니다.

병현이는 그런 나날을 더욱 특별하게 만들어 준 아이 중 하나입니다. 전에 동생 병우와 함께 삼길포로 놀러 갔을 때, 함께 짜장면을 먹고, 팔각정에 올라 바다를 배경으로 기념사진을 찍었던 기억이 아직도 생생합니다. 그날 병현이는 제 어깨에 살짝 머리를 기댔고, 그 모습은 사진 속에 고스란히 담겨 있습니다. 그 한 장의 사진은 제가 지닌 수많은 기억 중에서도 가장 가슴 뭉클한 순간 중 하나로 남아 있습니다.

병현이는 아침마다 정문에서 저와 하이파이브를 나누는 친구였습니다. 그런 활기찬 인사 속에서 아이의 하루가, 그리고 저의 하루가 기분 좋게 시작되곤 했습니다.

마음을 나누는 또 하나의 가족

대산중학교와의 인연은 단지 학생들만이 아니라, 그 가족들과도 이어집니다. 대산고등학교로 진학해 열심히 공부하고 있는 정다윗 학생의 경우도 그러합니다. 정다윗 학생의 할머니는 대산감리교회의 권사

님으로, 저와도 오랜 인연이 있습니다. 그 인연으로 저는 다윗이와 그의 남매를 유난히 더 따뜻한 눈길로 바라보게 되었고, 아이들도 그 진심을 고스란히 받아주었습니다.

며칠 전, 토요일 새벽 예배에 가는 길에 교회 승강기 앞에서 중고등부 수련회에 참가한 박은덕 학생과 마주쳤습니다. 짧은 대화를 나눈 후, 우리는 기념사진을 한 장 남겼고, 저는 그 사진을 소중히 보관하고 있습니다. 그 순간은 단순한 우연을 넘어, 제가 지역사회 속에서 아이들과 함께 살아가고 있다는 실감을 안겨주는 소중한 장면이었습니다.

따뜻한 손편지 한 장의 힘

아침마다 정문 또는 후문에서 등교하는 학생들과 인사를 나누는 일은 나에게 일상이자 기쁨입니다. 그중에서도 곧 고등학교로 진학할 임수정 학생은 매일 아침 반갑게 인사하는 친구입니다. 수정이는 어느날, 제게 손편지를 써서 주었습니다. 봉투를 열어보았을 때, "항상 웃으며 인사해 주셔서 감사하다"는 문장이 적혀 있었습니다. 저는 그 편지를 아직도 제 책상 서랍 속에 고이 간직하고 있습니다. 손주들이 집에 오면 꼭 보여주는 자랑거리이기도 합니다.

오월 스승의 날엔 몇몇 학생들이 정성 가득한 감사 편지를 전해주기도 했습니다. 한 장 한 장 손글씨로 써 내려간 그 마음들이 얼마나 고마웠는지 모릅니다. 저는 그 작은 감사가, 결국 더 큰 감사를 만들어낸다고 믿습니다.

함께 살아가는 동네에서

저는 이곳 대산읍에 정착한 지 어느덧 7년째가 되어 갑니다. 처음 이사 왔을 땐 아무 연고도 없었습니다. 그러나 제 삶은 '이웃과 함께'라는 철학으로 채워지고 있습니다. 누군가의 이름을 불러주고, 작은 도움을 건네며, 이 지역에서 살아가는 학생들에게 의미 있는 존재가 되고 싶다는 바람이 제 일상을 움직입니다.

지정숙 선생님이 2학년 학생들의 그림 작품을 전시하셨을 때, 저는 영상 편집을 도와드려 그 감동을 지인들과 나눈 적이 있습니다. 선생님과는 텃밭에서 함께 땀 흘리며 이야기 나누었던 기억도 있어, 더욱 각별합니다. 저는 지금도 이름은 밝히지 않지만, 몇몇 학생들과는 따뜻한 마음을 나누며 지내고 있습니다. 그 관계가 제 삶을 더욱 단단하게 만들어 줍니다.

고마움이 쌓여 만들어 낸 기적

몇 해 전, 대산중학교의 생태숲 길에서 제초 작업을 도운 적이 있습니다. 그 넓은 잔디밭을 예초기로 며칠 동안 정리했던 기억은 제게도 뿌듯한 일이었습니다. 그해 가을, 추석 무렵이었을까, 행정실의 김은희 실장님께서 커다란 과일박스를 복지관으로 직접 갖고 오셔서 감사의 인사를 전해주셨습니다. 그 따뜻한 마음에, 저는 며칠을 감동 속에서 지냈습니다. 그 일은 제게 더 큰 기쁨이 찾아오게 된 계기였습니다.

그리고 그다음 해 겨울, 아직 꽃샘추위가 채 가시지 않은 어느 날, 저는 다시 한번 봄의 기운처럼 따뜻한 감동을 경험했습니다. 그 모든 순간이 쌓여, 지금의 제가 있을 수 있었음을 믿습니다.

마무리하며 – 이 아이들을 위한 작은 수고

지금은 1학년 학생들이 하나둘 학교생활에 익숙해져 갈 무렵입니다. 얼마 전, 등굣길 복도에서 영탑리에 사는 박강민 학생을 마주쳤을 때, 저는 얼마나 반가웠는지 모릅니다. 아이들이 밝은 얼굴로 등교하는 모습을 바라볼 때마다, 이 작은 동네에서 아이들과 함께 살아가고 있다는 사실이 그저 감사할 따름입니다.

제가 감당하는 일이 거창하진 않습니다. 그러나 아침마다 '안녕'이라는 인사를 나누고, 아이들과 짧은 대화를 나누며, 이들의 하루가 조금 더 따뜻해지기를 바랍니다. 저는 오늘도 대산중학교의 정문에서, 누군가에게는 작지만 깊은 의미가 될 인사를 준비하며 하루를 엽니다.

배움의 공동체,
함께 성장하다

교사, 가르치며 배우다

---

8장

1. '독서 클릭'을 통한 진로 교육 혁신

교사 손덕환

최근 교육 현장에서는 교사들의 전문성과 역량을 강화하기 위한 다양한 방식이 시도되고 있습니다. 그중 하나는 바로 전문적 학습공동체PLC Professional Learning Community의 운영입니다. 이러한 학습공동체는 교사들이 함께 협력하고, 교육적 고민을 공유하면서 수업의 질을 높여가는 중요한 장으로 자리 잡고 있습니다.

그 가운데 우리는 '독서 클릭click'이라는 교사 독서 모임을 통해 진로 교육에 새로운 변화를 이끌 수 있었습니다. 이 글에서는 '독서 클릭'을 운영하면서 교사들이 진로 교육 역량을 어떻게 높였고, 학생들에게는 어떤 긍정적인 변화가 나타났는지를 함께 나누고자 합니다.

'독서 클릭'의 조직 배경과 운영 과정

'독서 클릭'은 처음에는 3명의 교사가 함께 모여 시작한 작은 독서 모임이었습니다. 그러나 점차 교사들 사이에서 긍정적인 반응이 이어지면서 전문적 학습공동체로 확장되었습니다. 특히 모임의 시작을 이끈 교사는 진로 교육의 필요성을 절감하며, 독서를 통해 교육적 실천을 개선할 수 있다는 확신을 가지고 이 모임을 꾸리게 되었습니다.

초기에는 교육 관련 도서를 함께 읽고, 그 내용을 바탕으로 수업 방법을 개발하는 것을 목적으로 삼았습니다. 그런데 독서 활동이 활발

'독서 클릭' 활동 모습

해질수록 진로 교육이라는 중요한 분야에 대한 관심이 자연스럽게 확장되었습니다. 각기 다른 전공과 경험을 지닌 교사들이 다양한 주제의 도서를 함께 읽으며 토의하고 토론하는 과정은, 새로운 시각을 얻는 계기가 되었습니다.

운영 방식은 매달 한 권의 도서를 선정하여 함께 읽고, 핵심 주제를 중심으로 모임을 진행합니다. 책을 바탕으로 진로 교육에 어떻게 적용할 수 있을지 함께 고민하고 아이디어를 나누는 과정을 통해, 실천 가능한 교육 전략이 도출됩니다. 이러한 활동은 교사들이 진로 교육의 전문성을 높이는 데 큰 도움이 되었습니다.

'독서 클릭'을 통한 진로·인성 교육의 변화

1) 다양한 직업군에 대한 정보 제공

'독서 클릭'에서는 학생들에게 보다 폭넓고 실질적인 직업 정보를 제공하고자 했습니다. 예를 들어, '진로의 날'에는 다양한 분야의 직업인 멘토를 초청하여 학생들과의 대화를 주선하였습니다. 또한, 산업 구조의 변화나 미래 유망 직종 등을 다룬 책을 함께 읽으며, 학생들이 변화하는 시대 속에서 진로를 능동적으로 고민할 수 있도록 도왔습니다. 특히 4차 산업혁명과 관련된 도서들은 AI와 로봇 기술이 가져올 변화에 대해 다루면서, 학생들이 미래 사회에 대비해 어떤 역량을 갖춰야 하는지 고민할 수 있도록 이끌었습니다.

2) 진로 탐색 기회 제공

우리는 독서 모임에서 얻은 통찰을 바탕으로 진로 탐색 워크숍을 기획하였습니다. 심리검사, 성격유형 검사 등 자기 탐색 활동을 포함해, 학생들이 자신의 흥미와 강점을 파악할 수 있도록 도왔습니다. 단순한 정보 전달을 넘어, 학생이 스스로 진로를 주도적으로 탐색할 수 있도록 구조화된 활동을 설계했습니다. 그 결과 학생들은 자신을 이해하고, 구체적인 진로 목표를 설정하는 데 한 걸음 더 나아갈 수 있었습니다.

3) 공감 능력 향상

진로 교육은 단지 직업 선택에만 국한되지 않고, 인성교육과 긴밀하게 연결되어야 한다고 생각합니다. 우리는 독서 모임을 통해 공감 능력을 키울 수 있는 방법들을 함께 모색하였습니다. 예를 들어, 역할극을 통해 타인의 감정을 이해하는 연습을 하거나, 이야기 속 인물의 입장에서 생각해보는 활동을 설계하였습니다.

이러한 활동은 학생들이 사회 구성원으로서 가져야 할 배려와 책임감을 키우는 데 큰 도움이 되었으며, 진로 선택 시에도 타인의 입장과 사회적 기여를 고려하는 태도를 길러주었습니다.

4) 소통 능력 향상

진로와 관련된 소통 능력 또한 중요한 요소입니다. 우리는 독서를 통해 효과적인 의사소통 기술과 갈등 해결 능력을 배우고, 이를 학생들에게 지도하고자 노력했습니다. 학생들은 활동을 통해 자신의 생각을 조리 있게 표현하고, 다른 사람의 의견을 경청하는 태도를 기르게 되었습니다. 또한, 서로의 의견 차이를 조율하고 타협점을 찾는 경험을 통해 학생들의 대인관계 능력과 팀워크도 크게 향상되었습니다.

맺으며

'독서 클릭'은 단순한 독서 모임을 넘어서, 진로 교육과 인성교육을 통합적으로 실현한 전문적 학습공동체였습니다. 교사들은 책 속에서 얻은 지식과 통찰을 서로 공유하고, 이를 학생 교육에 적용함으로써 스스로의 교육 실천을 한 단계 끌어올릴 수 있었습니다.

무엇보다도 이 과정은 학생들에게 보다 풍부하고 실질적인 진로 탐색 기회를 제공했으며, 공감과 소통을 기반으로 한 인성교육까지 함께 아

'독서 클릭' 인문학 기행

우를 수 있는 계기가 되었습니다.

앞으로도 '독서 클릭'과 같은 전문적 학습공동체가 더욱 활성화되어, 교사들이 지속적으로 성장하고 학생들에게 더 나은 배움의 환경을 제공할 수 있기를 진심으로 바랍니다.

2. 함께 배우고 함께 성장하다, '학이쌤'

새로운 시작, 함께 길을 찾다

혁신학교로 지정되면서 우리 학교는 단순히 제도적 변화만이 아닌, 수업의 본질을 다시 고민하는 전환점을 맞이하게 되었습니다. '학생 중심 수업', '배움이 있는 교실', '민주적 교육'이라는 거대한 방향 속에서 교사로서 나의 수업은 과연 얼마나 의미 있었을까, 학생에게 어떤 가치를 주었을까 되돌아보게 되었습니다.

바로 그 시점에, 저는 '학이쌤(배움을 이끄는 쌤들)'이라는 이름의 전문적 학습공동체에 가입하게 되었습니다. 평소 수업 준비를 하면서 늘 '이게 과연 학생들에게 잘 전달되는 걸까?', '좀 더 나은 방법은 없을까?' 하는 갈증을 느껴왔던 저는, 부장 선생님의 권유를 받고 이 공동체에 발을 들이게 되었습니다. 처음에는 '잘할 수 있을까?', '다른 선생님들에게 민폐가 되지 않을까?' 하는 걱정도 있었지만, 함께라면 무엇이든 시도해볼 수 있을 거란 믿음이 생기기 시작했습니다.

진심이 오가는 모임의 첫걸음

2016년, '학이쌤'은 다섯 명의 선생님으로 시작되었습니다. 서로 학년도 다르고 과목도 달랐지만, 수업에 대한 고민과 열정만큼은 누구보다 뜨거운 사람들이었습니다. 첫 모임에서 우리는 각자 수업에서 겪는 어려움과 기대, 그리고 학생들과의 관계 속에서 느꼈던 고민들을 털어놓았습니다. 그날의 대화는 마치 오랫동안 목말랐던 이가 시원한 물을 마신 듯한 감동을 주었습니다.

그동안 혼자 끙끙대며 풀지 못했던 고민들이 '나만 그런 게 아니구나'라는 안도감으로 바뀌었고, 서로의 이야기에서 위로와 용기를 얻게

'학이쌤'의 시작

되었습니다. 서로의 수업 사례를 들으며 '이렇게도 수업을 할 수 있구나', '그런 접근 방식도 가능하겠네' 하는 깨달음이 이어졌고, 수업이라는 틀 안에서 무한한 가능성을 발견하기 시작했습니다.

자발성과 열정, 자연스럽게 피어난 문화

'학이쌤'의 공식적인 모임은 한 달에 두 번이었지만, 언제부턴가 우리들은 누가 정하지 않아도 매주 월요일이면 회의실에 모였습니다. '이번 주에는 누구 수업을 봐야지', '이 아이디어는 어떻게 구현해볼까?' 밤늦도록 열띤 토론이 이어졌고, 학교를 마치고 집에 가는 길에도 메시지를 주고받으며 아이디어를 나눴습니다.

학교 안의 모든 공간이 우리의 연구실이었습니다. 교무실 한켠, 회의실, 심지어 급식실에서도 수업 이야기가 끊이지 않았습니다. 우리들의 열정은 주말에도 식지 않았고, 종종 집 근처 카페에 모여 수업 자료를 함께 준비하기도 했습니다. 지금 돌이켜보면, 그렇게 열정적으로 매주 만나고 고민하던 그 시절이 참 소중하고 빛났던 시간이었다는 생각이 듭니다.

혼자에서 함께로-수업 공개라는 도전

처음에는 우리끼리 서로의 수업을 참관하고 피드백을 주고받는 활동으로 시작했습니다. 교과는 달라도 배움에 대한 태도와 접근 방식은 서로에게 많은 영감을 주었습니다. 그러던 중, 한 선생님이 말했습니다.

"우리만 이렇게 나누기에는 아깝지 않아요? 다른 선생님들과도 나누면 어떨까요?"

그 한마디가 계기가 되어, 우리는 관내 모든 학교에 공문을 보내 수업을 공개하고, 함께 나눔의 장을 만들어보자는 결심을 하게 되었습니다. 사실, 지금 생각해 보면 참 무모한 도전이었습니다. 당시에는 수업 공개에 대해 조심스러워하는 분위기가 강했기에, 누군가는 '무슨 자신감이냐'고 우려의 눈길을 보내기도 했습니다.

하지만 우리의 도전은 결실을 맺었습니다. 그 용기 있는 시도가 계기가 되어, 3년 동안 우리는 관내 선생님들을 대상으로 꾸준히 수업 공개와 나눔을 이어갔습니다. 그 과정에서 우리도 성장했고, 주변 학교의 교사들도 점차 수업 공개의 가치와 즐거움을 알게 되었습니다.

수업 혁신, 문화가 되다

수업 공개는 단순히 '보여주기'가 아니었습니다. 잘하고 못하고를 떠나, 수업 안에서 학생들의 반응과 교사의 고민을 함께 나누며 '더 나은 수업'을 함께 만들어가는 시간이었습니다. 평가의 시선이 아닌, 성장을 위한 협력의 시간이었기에 가능한 일이었습니다.

처음에는 조심스럽게 참여하던 선생님들도 점차 수업 공개의 가치와 즐거움을 알게 되었고, '수업 나눔'은 어느새 우리 학교의 중요한 문화로 자리 잡게 되었습니다. 이제는 매달 수업 공개 주간이 운영되며,

수업 공개 및 나눔의 모습

전 교사가 자발적으로 수업을 공개하고 의견을 나누는 자리가 마련되어 있습니다.

수업을 둘러싼 분위기 자체가 달라졌습니다. 동료 교사의 수업을 보는 것이 '평가'가 아닌 '배움'의 기회로 받아들여졌고, 수업에 대해 이야기하는 것이 자연스러워졌습니다. 수업을 중심으로 교사들이 서로 연결되고 있다는 느낌은 교직에 대한 자부심도 함께 높여주었습니다.

다른 교과의 고민을 공유하며 함께 해결

수업을 준비하면서 늘 했던 고민들이 있었습니다. '이 수업 방식이 정말 효과적일까?', '이 활동에서 어떤 아이는 왜 몰입하지 못할까?', '학생의 집중력을 끌어낼 더 나은 방법은 없을까?'

이런 질문들은 교과나 연차를 불문하고 모든 교사가 공유하는 고민이었습니다. '학이쌤'에서는 이런 질문들을 함께 나누며 해답을 찾아갔습니다. 어떤 선생님은 활동 중심 수업의 사례를 들며 조언을 주었고, 또 다른 선생님은 교실에서 학생의 감정에 주목하는 방법을 제시했습니다. 서로 다른 경험과 관점을 나누면서, 나의 수업도 점차 달라지기 시작했습니다.

심지어 서로 다른 교과임에도 불구하고 협업이 가능했습니다. 국어 수업 시간에 영어 교과의 말하기 기법을 활용하거나, 과학 수업에 수학적 사고를 접목하는 방식으로 창의적인 융합 수업이 탄생하기도 했습니다. 수업이라는 틀 안에서 교과의 경계를 허물고, 함께 더 나은 방향을 모색할 수 있었던 것은 '학이쌤'이라는 공동체 덕분이었습니다.

나눔과 확산, 그리고 새로운 과제

'학이쌤'을 통해 수업을 바라보는 눈이 달라졌습니다. 이제는 '내 수업'이 아니라 '우리 수업'이라는 생각이 들 정도로, 서로의 아이디어와 고민이 자연스럽게 공유되고 확산되었습니다. 수업 공개와 나눔은 교사의 고립을 줄이고, 교사들이 '연결된 존재'라는 감각을 심어 주는 데 큰 역할을 했습니다.

이제는 이 경험을 바탕으로 후배 교사들에게 도움을 주고 싶다는 마음이 듭니다. 처음 수업 공개를 앞두고 긴장하고 불안해하던 제 모습이 떠오릅니다. 그래서 더더욱, 함께하는 모임의 따뜻함과 진심이 얼마나 큰 힘이 되는지 알려주고 싶습니다.

공동체 활동은 마치 씨앗을 심는 것과도 같습니다. 처음에는 작은 싹일지라도, 끊임없는 관심과 돌봄이 있다면 커다란 나무로 자라날 수 있습니다. 지금 우리가 키우는 이 문화가 미래의 학교에도 이어질 수 있도록, 우리는 또 다른 씨앗을 준비하고 있습니다.

앞으로도 계속, 함께 걷는 길

'학이쌤'의 활동은 아직 끝나지 않았습니다. 오히려 이제부터가 진짜 시작일지도 모릅니다. 교육은 정답이 없는 길이기에, 끊임없이 질문하고 함께 답을 찾아가는 여정은 계속되어야 한다고 생각합니다. 앞으로도 저는 수업을 중심에 두고, 동료 교사들과 함께 고민하며 성장하는 교사이고 싶습니다. 그리고 그 중심에는 언제나 '학이쌤'이 있을 것입니다. 함께 웃고, 함께 고민했던 그 시간들을 기억하며, 앞으로도 더 열심히 배우고 나누는 교사가 되겠습니다.

변화를 이끄는 가장 큰 힘은 사람입니다. 그리고 '학이쌤'은 그 변화를 함께 만들어가는 사람들이었습니다. 함께했던 그 길이 자랑스럽고, 앞으로도 함께할 길이 기대됩니다.

교사 송창근

혁신학교에서 경험한 배움의 문화

저는 교직 경력이 길지 않습니다. 정식 발령을 받은 교사가 아니라, 기간제교사로 학교에 첫발을 내디뎠습니다. 그렇기에 학교의 분위기와 문화가 저에게 어떤 영향을 줄지 더욱 예민하게 받아들일 수밖에 없었습니다. 수업 준비에 대한 부담은 물론이고, 교사로서 어떤 기준과 철학을 세워야 할지조차 모색 중인 시기였기 때문입니다.

그런 저에게 혁신학교에서의 시간은 단순한 '근무지에서의 몇 개월'을 넘어서는 깊은 경험이었습니다. 교사의 역할과 수업에 대해 근본적인 질문을 던지게 만들었고, '교사가 된다는 것'의 의미를 새롭게 고민하게 만든 특별한 시간들이었습니다. 처음에는 그저 "내가 맡은 반, 수업만 잘하면 되지"라는 생각이었지만, 학교 구성원 모두가 수업과 학생의 배움에 깊이 관여하고 협력하는 문화를 접하면서 제 시선은 점점 넓어졌습니다.

'나 혼자'의 수업이 아닌, '우리 함께'의 수업

제가 교직에 들어서기 전까지 수업은 철저히 교사 개인의 고유한 영역이라 여겼습니다. 다른 교사에게 제 수업을 보여주거나, 반대로 동료 교사의 수업을 참관하는 일은 흔치 않을 것이라 생각했습니다. 설령 수업에 대해 고민하더라도, 대부분은 혼자 끙끙 앓듯 감당해야 하는 것으로 여겨졌습니다. 아직은 경험도 미숙하고 자신감도 부족했던 저로서는 그런 고립된 구조가 더 막막하게 느껴졌습니다.

그런데 혁신학교에서는 수업이 '공개된다'는 표현보다는 '공유된다'는 표현이 더 어울렸습니다. 동료 교사들이 서로의 수업을 보며 응원하고, 개선점을 함께 찾아가는 모습은 제가 그동안 상상하지 못했던 모습이었습니다. '혼자 하는 수업'이 아닌 '함께 만드는 수업'이 가능하다는 사실은 제게 큰 위안이자 자극이 되었습니다.

어느 날, 한 선생님의 수업을 참관한 적이 있었습니다. 그 수업에서 학생들은 토론을 하면서도 끝까지 서로의 이야기를 경청했고, 질문과 발표가 끊이지 않았습니다. 수업 후 나눈 이야기에서 그 선생님은 "이 아이들이 이 활동을 왜 좋아하는지 아직도 계속 탐색 중이에요"라며 웃으셨습니다. 그 순간 저는 알게 되었습니다. 경험 많은 교사도 여전히 배우고, 탐색하고 있다는 것을. 그 자세가 이 학교 문화를 지탱하는 힘이라는 것을.

수업을 나누는 일, 그 안에서 자라는 교사

처음으로 수업을 동료 교사들 앞에서 공개하게 되었을 때, 제 마음 속엔 걱정이 가득했습니다. 학생들과의 호흡도 아직 익숙하지 않고, 교사로서도 부족한 점이 많은데, 과연 제가 준비한 수업이 제대로 전달될 수 있을까 하는 불안이 있었습니다.

그러나 수업이 끝난 뒤, 동료 선생님들이 건넨 말들은 제 마음을 따뜻하게 해주었습니다. "이 활동에서 학생들이 몰입하는 모습이 인상적이었어요", "그 부분은 이런 방식으로도 해볼 수 있을 것 같아요" 등, 제 수업을 평가하는 말이 아니라, 함께 고민해주는 말들이었습니다. 교사의 입장에서 제 수업을 진지하게 들여다봐 주는 태도, 그리고 그 중심에는 언제나 '학생의 배움'이 있다는 점이 인상 깊었습니다.

그날 이후, 저는 수업을 준비할 때마다 혼잣말을 자주 하게 되었습니다. "학생들은 이 장면에서 어떤 반응을 보일까?", "지금 이 흐름이 과연 학생에게 의미 있을까?" 하고요. 교사의 시선이 아닌 학생의 시선에서 수업을 바라보는 힘이 자라나고 있다는 느낌이 들었습니다.

학생이 중심인 수업, 진짜 배움에 대한 고민

혁신학교의 수업 문화가 특히 인상 깊었던 이유는 수업을 되돌아볼 때 중심에 '교사'가 아닌 '학생'이 있었다는 점입니다. 수업을 잘 설명했는지보다 더 중요한 것은, 그 수업을 통해 학생이 어떤 방식으로 배우고 성장했는가였습니다. 학생의 반응과 사고 흐름, 활동의 참여도를 중심에 두고 수업을 설계한다는 것은 제게 매우 새로운 패러다임이었습니다.

예를 들어, 단순한 문제 풀이 활동에서 벗어나 학생 스스로 문제를 만들어보게 했던 활동이 있습니다. 처음에는 시간도 오래 걸리고, 아이들이 헤매는 듯 보였습니다. 하지만 수업을 돌아보며 함께 이야기했을 때, 동료 교사는 "그 혼란이 오히려 이 아이들에겐 탐색의 기회였던 것 같아요"라고 말해주셨습니다. 저는 그 피드백 덕분에 수업을 '완성도'보다 '의미' 중심으로 다시 바라보게 되었습니다.

혼자가 아닌 교사, 함께 성장하는 학교

무엇보다도 혁신학교에서의 경험을 통해 제가 가장 크게 느낀 변화는 '혼자가 아니라는 감각'이었습니다. 전에는 각자의 교실 안에서 각자의 수업을 책임져야 한다는 압박 속에 교사는 쉽게 고립되기 마련이었습니다. 그러나 이곳에서는 동료 교사들이 서로의 수업을 진심으로 도와주고, 함께 고민하며 성장하는 문화가 뿌리내려 있었습니다.

특히 어떤 날은, 제 수업을 보고 난 동료 교사 한 분이 조용히 건넨 말이 지금도 기억에 남습니다. "그 장면에서 아이가 눈빛을 바꾸는 걸 봤어요. 그런 순간이 수업의 핵심이 아닐까요?" 그 말은 단순한 피드백이 아니라, 교사로서 제가 지향해야 할 방향을 짚어주는 말이었습니다.

물론 매번 수업을 공개하고 피드백을 나누는 과정이 늘 편하거나

가볍지는 않았습니다. 때로는 수업을 준비하는 데 더 많은 시간과 에너지가 필요했고, 내 수업을 솔직하게 보여준다는 것이 부담스러울 때도 있었습니다. 하지만 그 과정을 통해 얻게 되는 배움과 성장은 그러한 부담감을 충분히 뛰어넘는 가치가 있었습니다.

교직 초기의 저에게 이러한 문화는 교사로서의 방향성과 철학을 세우는 데 결정적인 역할을 했습니다. 혁신학교는 교사 한 명의 성장을 개인의 역량에만 맡기지 않았습니다. 수업을 공개하고, 나누고, 되돌아보고, 다시 설계하는 일련의 과정을 통해 교사로서의 성찰과 성장의 발판을 제공해주었습니다.

그리고 그 결과, 학생의 배움 또한 더욱 깊고 의미 있게 변화해갔습니다. 결국 교사의 성장은 곧 학생의 성장으로 이어진다는 사실을 몸소 경험하게 된 것입니다. 이처럼 혁신학교에서의 경험은 단지 한 해의 업무가 아니라, 제 교직 인생을 바꾸어 놓은 전환점이었습니다. 저는 지금도 그 배움의 문화 안에서 자라난 교사로서의 첫 마음을 잊지 않으려 합니다.

학부모, 함께 걷는 동반자

---
1. 교문을 열면 함께 걷는 어른들이 있다

교사 윤재옥

학교의 문턱을 낮추다

학생과 교사, 교직원과 지역사회는 비교적 자연스럽게 연결되어 있었습니다. 일상 속에서 늘 마주치고, 함께 일하고, 수시로 소통하기 때문입니다. 하지만 유독 학부모의 자리는 작고 낯설게 느껴졌습니다. 학교와 분명히 관계가 있지만, 일정한 선을 넘어오지 않는 조심스러운 거리감. 마치 교육이라는 원 안에서 학부모만 살짝 바깥에 서 있는 듯한 느낌이었습니다.

'학부모는 왜 교육의 외곽에 있어야 하지?'

이 질문은 대산중학교가 혁신학교로 첫걸음을 내딛던 순간, 우리에게 주어진 숙제였습니다. 단지 학교의 소식을 안내하고, 때때로 행사에 참여를 요청하는 것으로 학부모의 역할이 제한되어야 하는가? 우리는 이 고민을 시작점 삼아, 학부모가 학교 안으로 '들어올 수 있는 구조'를 만들기 위한 여정을 시작했습니다. 그 여정의 첫걸음은, '학부모회를 어떻게 구성할 것인가'에서부터 시작됐습니다.

학부모회를 '열다'에서 '세우다'로

과거의 학부모회는 대부분 관리자 중심으로 구성되거나, '누군가가 하겠지' 하는 방식으로 추천을 받아 형식적으로 운영되기 일쑤였습니다. 대산중학교는 이 방식 자체를 바꾸고자 했습니다. 먼저, 입후보 신청을 투명하게 열었습니다. 희망자들은 소견서를 제출했고, 전체 학부모에게 선거 공보를 안내했습니다. 이어지는 투표는 공개된 방식으로 진행되어 결과에 대한 신뢰를 확보했습니다.

표면적으로 보면 단순히 선출 절차의 변경에 불과해 보일 수 있습니다. 그러나 이 과정이 던진 메시지는 명확했습니다.

"당신은 학교의 주체입니다."

대표를 뽑는 것이 목적이 아니라, 학부모가 '교육의 일원이 되는 경험'을 할 수 있도록 설계된 과정이었습니다. 학교는 문을 열고 기다렸고, 학부모는 그 문턱을 조심스럽게 넘기 시작했습니다. 그 첫 발걸음이 가져온 변화는 예상보다 컸습니다.

이후 열린 학부모총회에서는 학부모 대표가 교육활동 방향을 설명하고, 학교는 교육과정의 주요 흐름을 공유하며 의견을 묻는 시간을 마련했습니다. 서로를 바라보는 시선이 달라졌고, "학교에 이렇게 참여해도 되는구나"라는 반응이 늘기 시작했습니다.

참여에서 주체로: 교육의 한 축으로 서다

우리는 학부모를, 도움을 요청하는 대상이 아닌 교육을 함께 설계할 수 있는 '동반자'로 바라보기 시작했습니다. 단순한 정보 제공에서 벗어나, 실질적인 교육과정과 연결된 학부모 프로그램을 구상했습니다. 아이들이 중심이 되는 공간에서 부모의 마음과 생각이 함께 숨 쉴 수 있도록 구조를 새롭게 설계한 것입니다.

그중 상징적인 활동 중 하나가 '아침밥 먹기 캠페인'입니다. 학교는 지역 자원과 협력하여 식재료를 마련했고, 학부모회는 이른 아침 등굣길에 떡과 간단한 아침거리를 준비해 아이들에게 건넸습니다. "밥은 먹었니?" "좋은 하루 보내!"

이 짧은 인사 속에 담긴 따뜻한 시선은 아이들에게 큰 울림이 되었습니다. 아침의 짧은 마주침이 반복되자, 아이들은 '학교와 가정이 연결되어 있다'는 감각을 느끼기 시작했습니다. 혼자가 아닌, 어른들이 자신을 지켜보고 있다는 안정감 속에서 학교생활에 대한 정서적 지지

아침밥 먹기 캠페인

기반이 형성되었습니다.

    그리고 이 캠페인을 통해, 학부모들 역시 학교라는 공간에 한 걸음 더 가까이 들어올 수 있었습니다. 정기적으로 학교에 오고, 아이들과 눈을 마주치며, 자연스럽게 교사와 대화하는 일상이 반복되자 학교는 더 이상 낯선 곳이 아니었습니다.

교사의 동반자, 교육의 실천자

    특수학급 학생들과 함께하는 캠핑 활동에서는 학부모가 보조교사로 참여했습니다. 이전까지는 교사 혼자서 감당하던 돌봄과 안전 지원 업무를 학부모가 함께 나눴고, 교육 현장의 중심에서 함께 움직이며 교사의 고충과 아이들의 특성을 몸소 경험했습니다. 이 경험은 학부모와 교사 간의 신뢰를 단단하게 만들었고, 교육의 폭을 넓히는 전환점이 되었습니다.

또한 대산중학교는 분기별 교육공동체 간담회를 운영하여 학부모, 교사, 학생이 수평적으로 마주 앉는 자리를 마련했습니다. 단순한 설문이나 피드백 회의가 아니라, 교육과 생활, 관계와 고민을 허심탄회하게 나눌 수 있는 소통의 장으로 만들었습니다. 간담회가 끝난 뒤 함께 나눈 식사 자리에서는 학부모와 교사가 아이의 성장을 이야기하며 웃고, 교사가 학부모의 눈빛에서 위로를 받는 장면들이 자연스럽게 연출되었습니다. 이 경험은 학부모를 '불청객'이 아닌 '함께하는 어른'으로 자리매김하게 했습니다.

부모의 삶을 살리고, 교육의 흐름을 이끌다

학교는 학부모의 삶이 회복되어야 교육에 대한 참여도 가능하다는 사실을 일찍이 인식했습니다. 그래서 학부모 자율연수를 적극 지원하며, 부모 자신의 성장을 도왔습니다. 핸드 메이드 교육, 아로마 테라피, 향수 만들기, 나무 액자 제작 등 다양한 프로그램이 진행되었고, 학부모들은 단순히 참여하는 것을 넘어, "이 시간이 나를 살리는 시간"이라 표현하곤 했습니다. 한 학부모는 연수 후 이렇게 말했습니다. "아이 학교 때문에 시작했는데, 어느새 제 자신이 바뀌고 있더라고요."

이러한 변화를 통해 부모는 가정으로 돌아가 아이를 이해하는 방식

▲
학부모 동아리
부채 만들기 활동 및
노인회관 나눔 활동
◀
아버지 축구 캠프

이 달라졌고, 그 여운은 다시 학교로 돌아와 활기를 더해주었습니다. 부모의 회복이 교육의 에너지가 되는, 선순환 구조가 만들어진 것입니다.

　특히 인상 깊었던 변화는 아버지들의 참여였습니다. 과거에는 항상 뒤편에 머물던 아버지들이 축구캠프, 온 가족 볼링대회, 시&숲 인문학 캠프 등을 통해 자녀와 함께 웃고 뛰는 모습을 보여주었습니다. '가정이 학교로 확장되는 순간'이 눈앞에서 펼쳐졌습니다.

공감으로 더하는 행복 교육

학부모에게 '지켜보는 자리' 대신 '함께 만드는 자리'를 드렸습니다. 생명존중 캠페인에서는 학부모가 직접 생명나무를 제작하고, 아이들은 "너와 함께여서 행복해" 같은 문구를 나뭇잎에 적어 붙였습니다. '사과 데이' 행사에서는 부모와 아이가 함께 손편지를 만들고, 그 진심은 친구 간의 관계 회복으로 이어졌습니다.

아이를 가르치는 교사와 아이의 마음을 품는 부모가 같은 방향을 바라보자, 교육은 더욱 단단해졌습니다. 부모 교육에 대한 요구도 높아져, '예절교육', '효과적인 부모 역할', '4차 산업혁명과 학부모의 역할'

학부모와 함께하는 생명존중 캠페인

171

등 다양한 강의가 이어졌고, 부모 역량 강화는 자연스럽게 학교 참여로 연결되었습니다.

학교라는 울타리를 넘어, 교육의 중심으로

학교 혼자 감당하는 교육은 분명 한계가 있습니다. 아무리 유능한 교사라 해도, 가정과 단절된 교육은 아이들에게 반쪽짜리일 수밖에 없습니다. 그래서 대산중학교는 '학부모는 외부가 아니라 내부'라는 철학을 바탕으로 교육과정을 설계해 왔습니다. 이 철학은 아침 인사 한마디, 떡 한 조각, 손편지 한 장에서 구체적으로 구현되었고, 그 따뜻한 실천은 아이들의 감정과 태도, 학교에 대한 인식까지 변화시켰습니다.

10년의 혁신학교 여정 속에서, 대산중학교는 학부모를 교육의 주변에서 중심으로 이끌어냈습니다. 교사와 학부모, 학생이 함께 수업을 이야기하고, 교육을 나누고, 마을을 설계하는 이 공동체는 단단하면서도 유연한 힘을 가지고 있습니다.

교문을 열면 보이는 것은 아이들뿐만이 아닙니다. 그들을 지켜보는 부모의 시선, 함께 걸어가는 교사의 발걸음, 연결된 손들이 함께 존재합니다. 우리는 알게 되었습니다.

교문을 열면, 그 너머에 손잡을 어른들이 기다리고 있다는 것을. 그리고 함께 걸으면, 아이들의 길은 훨씬 더 넓고 깊어진다는 것을. 대산중학교는 앞으로도 이 길을 함께 걸어갈 것입니다. 학부모가 '함께하는 어른'으로 살아 있는 학교, 교육의 중심에서 아이와 교사, 부모가 손을 맞잡는 학교.

그 길의 끝에서 우리 아이들은 더 튼튼하고 행복하게 자라날 것입니다.

2. 혁신학교, 그 10년의 여정에 감사하며

학부모회 회장 윤태은, 부회장 이연서

낯설지만 설레었던 첫걸음

대산중학교가 혁신학교로 지정된 지 벌써 10년이라는 시간이 흘렀습니다. 저희 아이가 중학교에 입학할 당시만 해도 '혁신학교'라는 단어조차 저에겐 생소했습니다. 익숙한 방식의 수업, 성적 중심의 교육에만 익숙했던 저는 '아이들이 중심이 되는 학교', '참여와 협력 중심의 수업'이라는 설명을 들었을 때 반신반의했던 것이 사실입니다.

특히 수업 시간에 아이들이 교과서에 있는 문제만 푸는 것이 아니라 직접 질문을 만들고, 친구들과 토론하며, 자신의 생각을 나누는 수업이 이루어진다는 이야기를 들었을 때는 '이게 정말 교육적으로 효과가 있을까?'라는 생각도 들었습니다. 하지만 시간이 흐르면서, 저는 스스로의 생각이 얼마나 좁은 틀에 갇혀 있었는지를 깨닫게 되었습니다.

아이들의 성장은 학교의 변화에서 시작됩니다

그 낯설었던 교육 방식 속에서 저희 아이는 점점 달라졌습니다. 처음엔 소극적이고 발표를 꺼리던 아이가 어느 순간부터는 자기 의견을 자신 있게 말하고, 친구들의 생각을 경청하며, 함께 협력하는 모습을 보여주기 시작했습니다. 선생님들께서 아이 한 명, 한 명의 말에 귀 기울여 주시고, 격려해 주시며 아이의 가능성을 발견해 주신 덕분입니다.

"배움의 주체는 아이 자신이다"라는 말이 현실에서 가능할 수 있다는 것을, 저는 대산중학교에서 직접 경험하며 알게 되었습니다. 학교는 단순한 지식 전달의 공간이 아니라, 아이들이 살아갈 힘을 기르는 삶의 터전이 될 수 있음을 보여준 이 10년의 여정은 그 자체로 기적이었습니다.

학부모로서 함께 성장한 시간

처음엔 저 또한 많은 것이 낯설었습니다. 혁신학교의 철학, 프로젝트 수업, 자율동아리 활동, 학생자치회의 다양한 실천 등은 물론이고 부모의 역할 또한 새로운 이해와 시각이 필요했습니다. 하지만 학교는 우리 학부모들을 교육의 동반자로 초대해 주었습니다. 설명회, 공개수업, 학부모 동아리와 독서 모임 등 다양한 참여의 기회를 통해 저 또한 함께 성장할 수 있었습니다.

그렇게 학교와 함께한 시간 동안, 저는 단순히 '아이를 맡긴 곳'이 아닌 '함께 아이를 키우는 곳'으로 학교를 다시 바라보게 되었습니다. 학교의 주인은 학생이지만, 그 뒤엔 함께 지지하고 응원하는 학부모가 있다는 믿음이 생겼습니다.

아이들이 만들어 낸 가장 큰 기적

무엇보다 가장 큰 감사는 바로 우리 아이들에게 전하고 싶습니다. 변화와 실험의 중심에 있으면서도 불평보다는 적응으로, 때론 더 나은 방향을 제시해 주는 모습으로 학교를 주체적으로 만들어 온 아이들이 있었기에 혁신학교의 10년이 가능했다고 생각합니다.

저희 딸은 중3입니다. 딸이 그동안의 학교생활을 돌아보며, "나는 학교가 좋아요. 내가 하는 일이 학교를 바꾸는 것 같아 뿌듯해요"라고 말한 적이 있습니다. 그 말을 듣고 저는 감동을 받았고, 동시에 확신을 가지게 되었습니다. '이 길이 옳았구나, 아이들에게 스스로의 삶을 살아갈 힘을 주는 교육이 바로 이곳에 있구나' 하고 말입니다.

다음 10년을 기대하며

대산중학교가 걸어온 10년은 도전의 연속이었고, 동시에 의미 있는 성취의 기록이었습니다. '학생이 중심이 되는 수업', '배움이 살아 있는 교실', '공동체가 함께 성장하는 학교'는 단순한 구호가 아닌, 교사들의 실천과 학생들의 참여, 학부모의 연대로 이루어진 진짜 교육의 풍경이었습니다. 그리고 이제, 우리는 다음 10년을 상상해야 할 때입니다. 아이들이 더 자유롭게 꿈꾸고, 더 깊이 있게 사고하며, 더 넓은 세상을 향해 나아갈 수 있도록 학교도 함께 성장하길 바랍니다.

학부모로서, 그리고 교육공동체의 일원으로서 대산중학교가 계속해서 삶을 살리는 교육의 장이 되길 진심으로 응원합니다. 그리고 그 길 위에서, 오늘도 흔들림 없이 아이들을 믿고 기다려주시는 선생님들께 감사의 마음을 전합니다.

"아이들이 주인공인 학교, 그 중심에 대산중학교가 있습니다."

앞으로도 이 문장이 변치 않기를 바랍니다. 혁신의 이름으로 걸어온 10년, 그리고 그다음의 10년, 그 모든 시간 속에 대산중학교가 함께하기를 기원합니다.

3. 내가 본 대산, 아이의 속도를 존중해 준 학교

전 학부모회 회장 김인애

낯선 이름 앞에 선 두려움과 기대

저는 작은 읍소재지에 사는 평범한 두 아이의 엄마입니다. 자연이 가까운 이곳은 맑은 공기와 여유를 주는 평온한 공간이지만, 동시에 아이들의 교육을 생각할 때면 늘 마음 한구석이 조마조마했습니다. 도시처럼 다양한 학원이나 정보, 체험의 기회가 풍부하지 않기에 '내 아이가 과연 이 지역에서 충분한 성장을 할 수 있을까' 하는 걱정이 늘 따라다녔습니다.

그런 제게 한 이웃 학부모가 조심스럽게 건넨 말이 있었습니다. "이 학교는 조금 달라요."

그때 처음 들은 단어가 바로 '혁신학교'였습니다. '혁신'이라는 단어는 저에겐 낯설고, 어쩐지 실험적이며 불확실하게 느껴졌습니다. 아이에게 어떤 영향을 줄지, 이 작은 지역에서 과연 얼마나 다양한 교육이

178

가능할지, 걱정이 앞섰습니다.

첫 만남, 그리고 가족의 성장기

대산중학교는 올해로 혁신학교 10주년을 맞이했다고 들었습니다. 저희 가족 역시 그 시간과 함께 성장해왔습니다. 돌이켜보면, 이 학교에서의 시간은 단순한 학창 시절이 아니라 가족 모두의 성장기였습니다.

첫째 아이가 처음 "엄마, 나 학생회장 선거 나가볼까 봐"라고 말했던 날의 기억이 아직도 생생합니다. 초등학교 시절만 해도 발표를 두려워하던 아이였기에 저는 가슴이 덜컥 내려앉았습니다. 하지만 아이는 점차 도전하는 법을 배워갔습니다. 실패해도 괜찮다는 걸 몸으로 익혔고, 반장, 회의 사회자 등 다양한 역할을 맡으며 친구들 앞에 서기 시작했습니다. 그리고 점점 자기 생각을 또박또박 말할 줄 아는 아이로 성장해갔습니다.

둘째 아이도 비슷한 길을 걸었습니다. 이 학교에서 반장, 부반장 등 다양한 역할을 맡으며 책임감과 리더십을 익혔고, '공부'만이 아니라 '공동체' 속에서 살아가는 법을 배워갔습니다. 교과서 너머의 배움, 그것이 바로 이 학교가 아이들에게 준 가장 큰 선물이었습니다.

교육은 태도를 기르는 일

이 학교에서 제가 가장 깊이 감동 받은 점은 '사람 됨됨이'를 중심에 두는 교육 철학이었습니다. 단순히 지식을 쌓는 것이 아니라, 스스로를 존중하고 타인을 배려하며 공동체 안에서 건강하게 자라는 삶의 태도를 익히는 것이 무엇보다 중요한 가치로 자리 잡고 있었습니다.

선생님들은 아이들의 질문을 귀하게 여겼고, 섣불리 판단하기보다는 아이의 생각을 끌어올릴 수 있도록 기다려주셨습니다. 그 기다림은 단순한 인내가 아니라 '아이에 대한 신뢰'였습니다. 아이들의 속도를 인정하고, 그것이 결코 부족함이 아니라는 믿음을 갖고 기다려주신 선생님들 덕분에 우리 아이들은 자신의 속도로, 자신의 방식으로 성장할 수 있었습니다.

학부모의 자리에서 바라본 교육공동체

이 학교는 저에게도 큰 변화를 주었습니다. 처음에는 그저 아이를 보내는 공간, 행정 연락을 받는 기관 정도로 여겼던 '학교'가, 점차 나도 함께 성장할 수 있는 배움의 공간으로 다가왔습니다.

저는 학부모회 임원으로 활동하면서 교사와 학부모가 함께 교육을 설계하고 만들어갈 수 있다는 사실을 몸소 체험했습니다. 텃밭에서 고구마를 캐고, 마을 어르신의 이야기를 듣고, 함께 학교 행사를 기획하는 과정에서 아이들은 단단해졌고, 저 역시 교육이 얼마나 공동체적인 활동인지 깨닫게 되었습니다. 학부모와 교사, 지역사회가 함께 어우러질 때 교육은 단순한 '전달'이 아니라, '살아 있는 경험'이 된다는 사실을 배웠습니다.

작지만 넓은 세상, 읍 소재 학교의 가능성

이제는 확신합니다. '읍 소재 학교'는 결코 부족한 공간이 아닙니다. 오히려 작고 소박한 공간이기에 가능한 밀도 높은 관계, 깊이 있는 배움이 있습니다. 화려하지는 않지만, 아이의 가능성과 인격을 진심으로 바라봐주는 어른이 있고, 무엇보다 '사람'이 중심에 있는 교육이 존재합니다.

교실 안에서의 수업만큼이나, 교실 밖에서 이루어진 수많은 만남과 활동이 우리 아이들의 삶을 풍요롭게 했습니다. 아이들은 이곳에서 '나는 괜찮은 사람이다'라는 자존감을 품게 되었고, 세상을 향해 나아갈 수 있는 든든한 뿌리를 내릴 수 있었습니다.

아이와 함께, 나도 자란 시간

첫째 아이는 이제 대학에서 자신이 진정으로 좋아하는 공부를 이어가고 있고, 둘째 아이는 고등학교 3학년으로 진로를 향해 묵묵히 나아가고 있습니다. 입시라는 거센 파도 속에서도 아이들은 중심을 잃지 않았습니다. 자신이 무엇을 좋아하고 어떤 방향으로 살아가고 싶은지를 고민할 줄 아는 사람으로 자라고 있다는 점에서, 저는 이 학교에서 보낸 시간이 얼마나 소중했는지를 다시금 느낍니다.

그리고 무엇보다 감사한 건, 이 학교는 제 아이만 키운 것이 아니라 저도 함께 키웠다는 사실입니다. 학교는 이제 아이만 가는 곳이 아닙니다. 부모가 함께 배우고, 지역사회 전체가 교육의 주체가 될 수 있는 가능성의 터전이 되었습니다.

끝나지 않은 이야기, 계속되는 동행

이제는 말할 수 있습니다. "우리 아이를 대산중학교에 보내길 정말 잘했어요."

이 학교가 있어 참 다행이고, 이 학교를 통해 우리는 '작지만 진짜인 배움'을 경험할 수 있었습니다. 앞으로도 이 학교가, 다음 10년 그리고 그 이후의 10년도 사람 중심 교육의 든든한 공간으로 남아주기를 바랍니다.

지난 10년간 아이들의 오늘을 함께 만들어 주신 모든 교직원분들께 진심으로 감사드립니다. 아이를 믿어주고, 기다려주고, 끝까지 손을 놓지 않았던 선생님들이 계셨기에 이 모든 이야기가 가능했습니다. 그리고 이름 없이 묵묵히 학교를 지지해주신 학부모 여러분, 마을 이웃들, 무엇보다 그 속에서 함께 웃고 울며 자라온 우리 아이들. 그 모두에게 진심 어린 박수를 보냅니다.

이야기는 아직 끝나지 않았습니다. 아이들이 자신만의 속도로 걸어갈 수 있도록, 그 걸음을 존중해줄 수 있는 어른으로서 저도 계속 함께 하겠습니다.

감사합니다. 그리고, 축하합니다. 혁신학교 10주년. 이 학교가 있어 참 다행입니다.

4. 학부모 독서 토론 동아리 이야기

교사 한송이

"아이를 키우는 일에는 정답이 없습니다. 하지만 함께 이야기 나눌 동행이 있다면, 그 길은 훨씬 따뜻해질 수 있습니다."

대산중학교는 10년 연속 혁신학교로서 학생 중심의 교육을 실천하고 있을 뿐 아니라, 학부모가 학교 교육의 동반자로 참여할 수 있도록 다양한 자율적 참여 기반을 마련해왔습니다. 그중에서도 '학부모 자율 동아리 활동'은 해마다 의미 있는 성장을 만들어내는 실천의 장이 되어주고 있습니다.

학교에서는 학부모 자율동아리 운영을 위해 도서관 공간과 필요한 재원을 지원하고 있으며, 학부모들은 스스로 주제를 정하고 활동을 계획하여 자발적인 학습공동체를 만들어가고 있습니다. 그중 올해 가장 활발하게 운영되었던 모임은 바로 '학부모 독서 토론 동아리' 입니다.

매주 목요일, 자녀 양육과 교육에 관심을 가진 학부모님들이 학교 도서관에 모였습니다. 국어과 교사의 따뜻한 안내 속에 《현명한 부모는 넘치게 사랑하고 부족하게 키운다》(제인 넬슨)를 함께 읽고, 그 안에서 느낀 생각과 고민, 실천과 반성의 이야기들을 나누었습니다.

혼자서는 지나쳤을 문장이 모임 속에서 깊은 울림이 되었고, 혼자서는 참고 넘겼던 감정들이 서로의 이야기를 통해 위로와 공감이 되었습니다. 특히 한부모 가정, 외동 자녀를 둔 부모, 사춘기 자녀와의 갈등을 겪는 부모 등 다양한 삶의 배경을 가진 학부모님들이 모여 각자의 이야기를 진심으로 나누며 서로의 삶에 따뜻한 등불이 되어주었습니다.

"나는 내 아이의 거울입니다." "나는 아이의 삶에 소리 없는 표지판이 되어야 합니다."

이러한 고백과 깨달음은 책 속에서 찾은 문장이 아니라, 함께 읽고 이야기하며 삶으로 체득한 결론이었습니다.

이 글은 대산중학교 학부모 독서동아리 활동을 통해 부모로서, 교육 공동체의 일원으로, 그리고 한 명의 사람으로서 성찰하고 성장해가는 학부모님들의 진솔한 이야기를 모은 것입니다. 이 짧지 않은 여정을 함께 걸어온 이들의 기록이 다른 누군가의 마음에도 따뜻한 공감으로 닿기를 바라며, 다음 페이지에는 그들의 목소리를 그대로 담은 소감문을 소개합니다.

5. 현명한 부모는 아이의 표지판이다

학부모 방은화

아들이 다니는 대산중학교가 올해로 10년 연속 혁신학교에 선정되었다는 소식을 들었습니다. 아이들이 도서관에서 자율적으로 책을 읽고 토론하는 활동이 활발하다는 이야기를 들으며, 학교에서는 부모들도 함께 성장하는 기회를 가져 보면 좋겠다는 취지로 학부모 독서 모임을 열게 되었습니다.

책을 제대로 읽은 게 언제였나 싶은 제게, 주중 오후 시간을 내어 참여하는 일은 솔직히 쉽지 않은 결정이었습니다. '직장도 다니는데 끝까지 참여할 수 있을까' 하는 고민도 있었고요. 그러던 중 지인인 한 학부모님의 적극적인 권유로 한 번만 해보자 하는 마음으로 신청서를 냈고, 그렇게 제인 넬슨의 《현명한 부모는 넘치게 사랑하고 부족하게 키운다》라는 책을 처음 접하게 되었습니다.

처음 책 제목을 봤을 때 고개가 갸웃해졌습니다. 사춘기에 접어든 중2 아들과 하루가 멀다 하고 팽팽한 기 싸움을 벌이는 제게 '사랑은 넘치게, 훈육은 부족하게'라니, 이건 너무 모순처럼 느껴졌거든요.

저는 이혼 후 아이를 혼자 키운 지 10년이 다 되어가는 엄마입니다. '한부모 가정', '이혼 가정'이라는 말이 혹여 아이에게 낙인처럼 남을까 두려워, 저는 늘 두 배, 세 배의 노력을 다하며 아이 곁을 지켜왔습니다. 정서적으로든 물질적으로든 부족함이 없게 하려고 애썼고, 아이가 가야 할 길은 제가 먼저 앞장서 걸으며 웬만한 장애물은 다 치워주겠다는 마음이었습니다.

"너는 엄마가 다 닦아 놓은 길만 따라오면 돼." 그게 제가 생각해 온 사랑의 방식이었고, 부모로서 최선을 다하는 법이라고 믿었습니다. 하지만 아이가 사춘기에 접어들며 예상치 못한 감정의 파도가 밀려왔습니다. "엄마가 지금까지 어떻게 했는데? 어떻게 이럴 수 있어?"

조잘거리며 해맑게 웃던 어린 시절의 아이는 온데간데없고 닫힌 방문만큼이나 무거워진 아이의 입을 보며, 그렇게 울컥하고 서운한 마음이 터져 나왔고, 한참을 눈물 삼켰던 날도 있었습니다.

언젠가 아이가 먼저 와서 말했습니다.

"엄마, 나도 왜 그런지 모르겠는데 요즘엔 자꾸만 감정이 들쑥날쑥이에요. 사춘기이니까 그냥 엄마가 좀만 이해해주세요."

그런데 저는 그 말에 고개를 끄덕이지 못하고 말았어요.

"기분대로 다 표현하면 안 돼. 참는 법도 배워야 해"라고 말해버렸습니다. 그 말은 정답처럼 보였지만, 사실은 아이의 마음을 충분히 들여다보지 못한 반응이었습니다.

책을 읽으면서 저는 부모의 역할에 대해 다시 생각하게 되었습니다. 내가 해줘야 할 일은 앞서서 대신해 주는 것이 아니라, 아이가 스스로 판단하고 선택할 수 있도록 '길을 알려주는 것'이라는 걸 배웠어요. 아이의 인생은 아이의 것이니까요. 저는 단지 옆에서 올바른 가치관에 대해 알려주고 날개를 펼치고 자유롭게 살아가는 용기를 주는 것으로 아이가 자신이 살아가야할 인생의 방향을 안내해주는 표지판이면 되는 거였습니다.

표지판은 소리 내어 말하지 않습니다. 하지만 언제나 그 자리에 묵묵히 서서, 길을 잃지 않도록 도와주는 존재이지요. 아이도 마찬가지였습니다. 사춘기라는 호르몬의 장난 속에서 휘청이며 때론 반항하고 흔들리면서도, 결국은 엄마의 존재를 눈으로 찾고 마음으로 확인하려 하고 있었던 겁니다.

아이를 키우는 건 정답이 없는 긴 여정 같습니다. 내가 해왔던 방식이 틀렸다 말할 수는 없지만, 다시 돌아보면 더 좋은 길이 있었겠구나 싶은 순간이 많습니다. 그래도 괜찮습니다. 아이는 저를 통해, 저는 아이를 통해 조금씩 자라고 있다고 믿습니다.

누군가는 말했습니다. "아이는 소유물이 아니라 선물이다." 정말 그렇다고 생각합니다.

지금 이 글을 읽는 누군가가 저처럼 어깨에 힘이 들어가 있었거나, 괜히 아이에게 서운한 마음이 들었다면, 꼭 말해주고 싶어요. 우리는 완벽하지 않지만, 우리의 사랑만은 충분히 훌륭하다고요.

조금 늦어도 괜찮고, 조금 부족해도 괜찮아요. 부모와 아이 모두가 더 자유롭고 따뜻해지는 그날까지 우리 함께, 파이팅입니다.

6. "나는 내 아이의 거울입니다"

학부모 이상미

"부모는 아이의 거울이다."

한 번쯤은 들어봤을 이 문장은, 부모라면 누구나 공감할 만한 말일 거예요. 저 역시 아이에게 좋은 거울이 되고 싶었습니다. 말 한마디, 행동 하나에 신중을 기하며 아이를 이해하고 존중하려고 애썼고, 그런 제 모습이 나름 괜찮은 거울이라고 생각해왔습니다.

모든 부모가 그렇겠지요. 자식을 잘못되게 하려고 말하거나 행동하는 사람은 없을 테니까요. 다 '사랑'이라는 이름 아래, 아이를 위해 옳다고 믿는 방향을 선택하고 있을 거예요. 이처럼 같은 마음을 품은 엄마들이 모였습니다.

부모 역할에 대해 제대로 공부해보자는 뜻을 모아, 한송이 선생님의 따뜻한 안내로 학부모 독서동아리를 구성하게 되었어요. 첫 책은 제인 넬슨의 《현명한 부모는 넘치게 사랑하고 부족하게 키운다》로 정했습니다. 6주 동안 책을 함께 나눠 읽고, 매주 모임을 통해 내용을 토론하며 자녀 양육에 대한 고민과 경험을 솔직하게 이야기 나누었습니다.

또한 각자 긍정 훈육 카드 중 하나를 선택해, 가정에서 실천해보는 활동도 함께 했어요. 아이와의 일상 속에서 그 내용을 적용해 보며 변화를 관찰하고, 다시 모여 서로의 경험을 나누는 시간을 가졌습니다. 그 과정에서 "내가 달라지니 아이와의 대화가 긍정적으로 바뀌었어요", "아이와의 관계가 부드러워졌어요"라는 공감 어린 이야기가 자연스럽게 흘러나왔고, 함께한 엄마들의 표정은 점점 밝아졌어요. 헤어질 때면 마음속에 따뜻한 감정이 차오른 채 집으로 돌아가곤 했습니다.

요즘 부모들은 방식은 다르더라도 정말 넘치게 사랑하는 것 같아요. 내가 자란 환경, 부모로부터 물려받은 양육 방식, 현재의 사회 분위기, 그리고 나의 기질과 상황들, 이런 것들이 지금의 나를 만들었고, 그 모습이 고스란히 아이에게 비추어지고 있었습니다.

그렇다면 지금 내 아이에게 비치는 나는 어떤 모습일까요? 혹시 왜곡된 오목거울이나 볼록거울은 아닐까요? 당연히 옳다고 생각했던 나의 말과 행동 속에서 아이는 무엇을 느끼고, 어떻게 판단했을까요?

완벽한 사람은 없듯, 완벽한 부모도 없다는 사실을 인정해야 해요. 그렇기 때문에 우리는 먼저 완벽하지 않은 부모로서의 나를 이해하고, 있는 그대로의 자신을 사랑해야 한다고 생각합니다. 그 위에서야 비로소 한 걸음씩, 한 마디씩 바꿔 갈 수 있어요. 왜냐하면 나는 내 아이의 거울이기 때문이에요. 내 말과 행동을 통해 아이는 세상을 배우고, 나를 통해 긍정의 힘을 얻으며 살아갈 방향을 만들어가게 되니까요.

《현명한 부모는 넘치게 사랑하고 부족하게 키운다》이 책의 제목처럼, 우리는 사랑과 훈육의 균형을 찾아가는 여정을 살고 있는 중입니다. 매일의 말과 행동 속에서 그 중심을 고민하고 실천하는 것이 부모로서의 중요한 책임임을 배워갑니다.

여섯 번의 동아리 모임을 통해 나누고 얻은 이 값진 깨달음이 앞으로의 나를 어떻게 변화시킬지 설레는 마음으로 기대하게 됩니다. 함께 배우고 성장하는 대산중학교 학부모 공동체 안에서, 저는 더 좋은 부모, 더 건강한 거울이 되기 위해 오늘도 아이와 함께 걸어가고 있습니다.

7. 나 자신을 돌아보는 기회로 삼으며

학부모 서은미

대산중학교 중학교 학부모 학습공동체에서는 지난 6주간,《넘치게 사랑하고 부족하게 키운다》(제인 넬슨)를 함께 읽고 이야기 나누는 독서모임을 진행하였습니다. 선생님과 자녀와의 소통과 긍정 훈육에 관심이 있는 학부모 6명이 자발적으로 참여한 자율 동아리 형태로 운영되었으며 매주 책의 주요 내용을 나누고 자녀와의 관계, 훈육, 감정 조절에 대한 경험을 나누는 따뜻하고 의미 있는 시간이었습니다.

자녀를 키우면서 아이들이 자랄수록 감정적으로 부딪침도 생기고, 어떻게 키우는 것이 현명한지, 1등 부모 되기가 따로 있는 것도 아니기에 이 6차시 동안 엄마들과 이야기하면서 많은 공감대를 형성하였습니다. 특히 우리 멤버 중에 외아들을 키우는 엄마가 3명이나 되어 비슷한 마음들이 느껴져 서로를 이해하고 후련한 마음까지 들었습니다.

자녀를 사랑하는 마음은 부모라면 다 1등일 것입니다. 하지만 이 책을 통하여 오히려 넘치도록 사랑해서 대신 다 해주거나 무조건 달래

주면 아이의 능력을 빼앗는 것이고, 장차 남을 존중할 줄 모르며 이기적으로 되어 갈 가능성이 크다는 것을 알게 되었습니다. 자녀 앞에서 엄마로서 감정을 잘 다스리며 자녀의 감정도 존중하고 친절하면서 엄한 부모 역할을 해내야 함도 깨달았습니다. 엄마들과 이야기 나누며 우리는 점점 자녀와 갈등이 해소됨을 느꼈습니다. 그것은 엄마인 우리도 자녀 앞에서 자존심과 인정받고 싶은 욕구가 있어 감정을 양보하지 못했음을 깨달았기 때문입니다. 함께 대화하며 우리는 스스로 사랑과 지혜를 바탕으로 자녀를 양육하는 데 필요한 신념과 태도를 기르고, 좀 더 건강하고 행복한, 그리고 사회에 공헌할 수 있는 자녀로 성장하도록 이끌어주는 방법을 터득해 갔습니다.

선생님께서도 자녀를 키우는 엄마로 참여하셔서, 지도하거나 양육의 방법을 제시하기보다 함께 자녀를 키우며 경험한 에피소드를 나누고 그때 자녀의 반응과 엄마의 감정을 이야기해주어 더욱 친밀감을 높여갔습니다. 선생님과 한 활동 중에 자녀의 문제점을 발견하고 실천 내용을 선택하여 일주일 동안 관찰, 직접 소통하면서 자녀와 화목한 관계를 유지할 수 있도록 긍정 훈육 카드 제시를 통해 도와주신 것이 무엇보다 도움이 되었습니다.

우리는 이번 독서 모임을 통해 자녀를 너무 사랑하기에 허용하거나, 사랑이라는 이름으로 부모가 원하는 방식으로 통제하려고 했던 잘못된 사랑이 섞여 있음을 깨닫고, 진정으로 사랑하는 조력자가 되어 독립된 인간으로 자라도록 돕는 길을 찾아가고 있습니다.

마을과 학교가 만나는 지점

교사 김경숙

대산중학교는 매년 가을, 아주 특별한 행사를 엽니다. 바로 '경로효친의 날'입니다. 2010년 자매결연을 시작으로 이어온 이 행사는 대산노인대학에 다니시는 할머니, 할아버지를 학교로 모시고, 학생들과 선생님, 학부모가 함께 어르신들을 공경하고 감사의 마음을 전하는 소중한 시간입니다. 단순한 축제가 아니라, 세대 간 정을 나누고, 인성을 배우는 뜻깊은 교육 활동이기도 합니다.

이 행사는 오랫동안 이어져 내려오며, 해마다 조금씩 더 풍성해지고 의미도 깊어졌습니다. 학교, 가정, 지역사회가 함께 힘을 모아 준비하는 만큼, 그 내용도 다양하고 따뜻합니다.

정겨운 만남의 시작, 어르신 학교 초청

행사의 가장 큰 특징은 바로 대산노인대학의 어르신들을 학교로 직접 초청하는 것입니다. 150여 분의 할머니, 할아버지께서 학교를 찾아오시면, 교문 앞부터 학생들과 선생님들이 정성껏 맞이합니다. 행사 당일 아침부터 교문 앞에서는 학생들의 환한 얼굴이 어르신들을 맞이하며, 어르신들은 오랜만에 학생들과 함께하는 자리에 기쁜 마음을 감추지 못합니다.

학교 체육관은 어르신들을 위한 특별한 행사장으로 꾸며지며, 따뜻한 분위기로 가득 찹니다. 행사 준비를 위해 학생들과 선생님들이 나서서 큰 환영을 준비하는데, 어르신들은 그 마음을 고스란히 느끼며 감사한 마음을 전합니다. 오랜만에 학생들과 어울리는 자리에서 어르신들도 웃음꽃을 피우고, 학생들은 손자 손녀가 된 것처럼 정성껏 모십니다. 이 만남은 경로효친의 날 행사 전체의 시작을 알리는 중요한 의미를 가집니다.

세대가 함께 웃는 시간, 다양한 공연과 무대

학생들은 이날을 위해 몇 주 전부터 공연을 준비합니다. 합주부의 연주, 밴드부의 공연, 국악과 난타, 댄스까지 다양한 프로그램이 무대에 오릅니다. 공연 준비 과정에서 학생들은 서로 협력하고, 더 나은 공연을 만들기 위해 각자 최선을 다합니다. 특히 어르신들을 위한 옛 가요나 트로트도 특별히 연습해 공연하며, 어르신들의 흥을 돋우는 무대가 이어집니다. 이 공연은 단순히 학생들의 무대가 아니라, 어르신들과 함께 나누는 소통의 장입니다.

어떤 어르신은 손뼉을 치며 따라 부르시기도 하고, 일부는 장기자랑 무대에서 직접 노래를 부르며 분위기를 한층 즐겁게 만듭니다. 또한, 이 무대에서 학생들이 다양한 장르를 통해 어르신들의 지혜로운 경험을 존중하고, 동시에 즐거움을 드리려는 마음이 잘 전달됩니다. 공연이 끝난 후, 학생들은 어르신들의 감동적인 반응에 힘입어 자부심과 성취감을 느낍니다.

마음을 전하는 시간, 감사 편지 낭독

공연이 끝난 뒤에는 학생회장이 낭독하는 감사 편지 시간이 이어집니다. 이 편지에는 학생과 교직원의 마음이 담겨 있습니다. "항상 저희를 위해 희생하고 살아오신 어르신들께 존경을 전합니다"와 같은 따뜻한 말들이 이어지면, 어르신들의 눈가에는 잔잔한 감동이 스칩니다. 손자 손녀 같은 아이들이 전하는 진심에 어르신들은 마음 깊이 기뻐하시며, 서로의 정이 더 가까워집니다.

이 시간은 단순히 '감사'라는 말을 전달하는 것이 아니라, 어르신들이 살아온 시간과 그들이 우리에게 남긴 가르침에 대해 진지하게 되새기는 순간입니다. 편지를 통해 어르신들의 삶의 지혜와 그들에게 감사하는 마음이 학생들의 마음속에 새겨집니다. 학생들에게는 '효'의 진정성을 배우는 중요한 시간이기도 하며, 어르신들에게는 존경받고 있다는 깊은 위로와 감동을 안겨줍니다.

'효'에 대해 배우는 인성 교육, 말이 아닌 실천으로

이날의 중요한 교육 시간 중 하나는 노인대학장님의 인성 교육 강연입니다. 강연은 학생들에게 '효'의 진정한 의미를 다시 한번 생각하게 만듭니다. 예를 들어, '효란 무엇인가?'라는 주제로 어르신의 삶과 가족에 대한 이야기, 효도의 의미를 들려주시며, 학생들에게 부모님과 웃어른을 대하는 태도에 대해 다시 생각해 보게 합니다. 단순히 말로만 듣는 게 아니라, 감동적인 이야기와 실제 사례를 통해 자연스럽게 공감하며 배우는 시간입니다.

이 강연은 학생들에게 '효'를 실천하는 것의 중요성을 일깨워주는 기회가 됩니다. 또한, 어르신들도 자신들의 삶의 이야기를 통해 학생들에게 귀감이 되어, 서로의 존재 가치를 다시 한번 되새기게 합니다. 학생들은 이 강연을 통해 부모님에 대한 감사와 존경의 마음을 한층 더 깊이 이해하게 됩니다.

세대 간 나눔의 실천, 장학금 전달식

어르신들이 직접 학생들을 위해 준비한 장학금 전달식도 있습니다. 노인대학의 어르신들께서 조금씩 모은 용돈을 합쳐, 어려운 환경에서도 열심히 공부하는 학생들에게 장학금을 전달해 주십니다. 어떤 해에는 "이 돈은 우리 손주들이 힘내길 바라는 마음으로 준비했어요"라고 말씀하시기도 합니다. 금액보다는 사랑과 정성이 담긴 이 장학금은 학생들에게 큰 힘이 됩니다.

장학금 전달식은 세대 간 사랑과 나눔을 실천하는 중요한 순간입니다. 어르신들은 자신의 경험과 세월을 통해 얻은 지혜를 학생들에게 전달하며, 학생들은 그 마음을 소중히 간직하고 더 열심히 공부하려는 결심을 다집니다. 이 장학금은 학생들에게 경제적인 지원뿐만 아니라, 사랑과 격려의 의미를 담고 있어 더욱 감동적입니다.

정성 가득한 식사, 함께 나누는 따뜻한 밥상

공연과 편지 낭독 후에는 점심 식사가 준비됩니다. 학부모회와 선생님, 학생들이 함께 준비한 식사는 그 어떤 음식보다 따뜻한 정이 담겨 있습니다. 밥, 국, 반찬 하나하나를 정성껏 준비하고, 학생들이 직접 어르신께 음식을 가져다드리며 말벗도 되어드립니다. 더운 여름에는 시원한 냉국과 과일, 추운 계절에는 따끈한 국물이 어르신들의 마음까지 따뜻하게 데워줍니다.

이 점심시간은 단순한 식사가 아니라, 서로 간의 정을 나누는 중요한 순간입니다. 학생들은 어르신들에게 음식을 대접하며 배려의 마음을 배우고, 어르신들은 학생들의 배려와 정성에 고마운 마음을 전합니다. 이 따뜻한 시간은 행사의 또 다른 큰 의미를 담고 있습니다.

마음이 담긴 작은 선물 전달

식사 후에는 정성 가득한 선물을 준비해 어르신께 드립니다. 어떤 해에는 학생과 학부모가 함께 만든 천연비누, 핸드크림, 수제 쿠키, 생강청 등이 준비되었고, 손글씨 카드와 함께 포장해 더욱 감동을 더합니다. 선물보다 더 값진 건 그 안에 담긴 학생들의 사랑과 배려입니다. "이걸 아이들이 만들었다니 감동이야"라며 선물을 꼭 안고 돌아가시는 어르신의 모습이 오래 기억에 남습니다.

2021년과 2022년 행사에서는 코로나19로 인해 학교 방문 대신 노인대학을 직접 찾아가 선물을 전달하기도 했습니다. 비록 직접 만나는 자리는 줄었지만, 마음만큼은 언제나 함께하고 있다는 진심이 전해졌습니다.

선물은 어르신들에게 물질적인 가치를 넘어서, 학생들이 어르신을 위해 생각하고 준비한 마음을 전달하는 중요한 매개체가 됩니다. 이 선물들은 단순한 물건이 아니라, 정성과 사랑이 담긴 작은 표현으로, 어르신들의 마음을 깊이 울립니다.

마음으로 돕는 손자 손녀, 학생 봉사활동

이 행사를 성공적으로 운영할 수 있는 가장 큰 힘은 바로 학생들의 봉사활동입니다. 학생회 봉사단은 행사 내내 어르신들의 손과 발이 되어드리며 부축을 하고, 음식을 나르고, 행사 안내도 도와드립니다. 이 과정을 통해 학생들은 실천 속에서 효도를 배우고, 단지 지식이 아니라 몸과 마음으로 '효'를 느끼는 진짜 교육을 경험하게 됩니다.

"오늘 하루 할머니 손자가 된 것 같아요"라는 학생의 말처럼, 이 봉사활동은 학생들에게 진정한 의미의 공경과 나눔을 체득하게 합니다. 학생들은 이날의 봉사를 통해 단지 어르신을 도와주는 것 이상의 가치를 배웁니다. 인내, 배려, 책임감, 그리고 사람을 향한 따뜻한 마음이 그 안에 자연스럽게 자리 잡게 됩니다.

함께 만드는 아름다운 전통, 학교, 가정, 지역사회가 하나로

이 경로효친의 날 행사는 학교, 학부모, 지역사회, 기업이 함께 만드는 행사입니다. 예를 들어, 기업에서는 거동이 불편한 어르신들을 위해 차량을 지원하고, 학부모회는 선물과 식사를 준비하며 큰 힘이 되어줍니다. 지역 기관장들도 참석하여 축하 인사를 전하고, 지역사회 전체가 함께 어우러지는 행사로 자리를 잡고 있습니다.

이러한 협력은 지역사회 전체의 유대감을 강화하며, 학교 교육이 교실을 넘어 지역과 연결될 수 있다는 가능성을 보여줍니다. 모두가 함께 만들어가는 이 행사는 공동체가 함께하는 따뜻한 교육의 장이 됩니다.

사람다운 사람이 되는 배움

이 행사는 단순한 하루의 잔치가 아니라, 인성 교육의 핵심 실천 현장입니다. 학생들은 책에서 배우는 예절과 효도를 직접 실천해보며, 웃어른을 공경하는 마음이 자연스럽게 마음속에 자리 잡습니다. 또한 어르신들도 젊은 세대와 소통하며 삶의 활력을 얻고, 지역사회는 세대 간의 정을 나누며 더 따뜻한 공동체가 됩니다. 교장 선생님은 매년 직접 선물을 고르고 인사를 전하며 "내년에도 건강하게 꼭 뵙겠습니다"라고 인사하십니다.

이러한 인성 교육은 단기적인 교육 효과를 넘어서, 학생들이 평생 간직할 수 있는 삶의 태도와 철학으로 이어집니다.

함께 만들어가는 아름다운 전통

대산중학교의 '경로효친의 날'은 모두가 하나되어 함께하는 세대 공감 행사입니다. 학생들은 나눔과 봉사를 배우고, 어르신들은 정과 사랑을 받으며, 지역사회는 하나로 연결됩니다. 해마다 이 행사를 통해 더 많은 사랑과 존경이 퍼져나가고, 학교 안팎으로 따뜻한 변화가 일어납니다.

앞으로도 대산중학교는 이 아름다운 전통을 계속 이어가며, '효'와

▲▶
경로효친의 날
행사

　'공경', '나눔'이라는 가치를 몸소 실천하는 학교로 발전해 나갈 것입니다. 이 행사는 단순히 하루에 그치지 않고, 세대 간의 정을 이어주는 진정한 교육의 현장이자, 모두가 함께 만드는 아름다운 사회적 약속입니다.

2. 함께 만드는 배움의 축제, 길마당 이야기

교사 이영은

마을과 함께한 10년, 길마당 축제

"학교가 마을을 품고, 마을이 학교를 품는다."

이 문장은 언뜻 추상적인 이상처럼 들릴 수 있습니다. 하지만 대산중학교 학생들에게는 추상이 아닌 살아 있는 실천이었습니다. 바로 그 중심에는 '길마당 축제'가 있었습니다. 이 축제는 단순한 학교 행사를 넘어서, 학교와 마을이 어우러지는 살아 있는 교육공동체의 상징이 되어 왔습니다.

대산중학교는 지난 10년 동안 혁신학교로서 학생 중심, 경험 중심 교육을 실현해 왔습니다. 이 과정에서 마을과 함께 호흡하는 교육은 중요한 축이 되었고, 길마당 축제는 이러한 교육철학이 꽃피우는 자리였습니다. 축제는 단지 즐기는 행사가 아닌, 학생과 교사, 학부모, 지역사회가 하나 되어 배움을 실천하는 살아 있는 교과서이자 교육의 장이었습니다.

2017년 수학과 음악이 마을을 만나다

2017년의 길마당 축제는 대산중학교가 지역과 함께 교육을 실현해 나가는 과정을 상징적으로 보여주는 해였습니다. 학생들은 '실용 수학 부스'를 직접 기획하고 운영하며, 어려운 수학 개념을 체험으로 익힐 수 있는 기회를 마을 사람들과 나누었습니다. 예를 들어, 도형의 넓이와 부피를 실제 물건으로 확인하거나, 숫자를 활용한 퍼즐을 직접 풀어보며 수학을 놀이처럼 느끼게 해주는 활동들이 준비되었습니다.

이러한 체험 부스는 학생들에게는 수학에 대한 자신감을, 마을 사람들에게는 자녀들의 배움을 이해하고 격려하는 기회를 제공했습니다. 교실 밖의 수학 수업은 추상적인 개념이 아닌 삶과 연결된 실천으로 다가왔고, 이로써 학생들은 '참 학력'의 의미를 몸소 느낄 수 있었습니다.

같은 해, 대산중학교의 한뫼오케스트라는 '한국의 힘', '아프리칸 심포니', '어벤저스 OST' 등 다양한 곡을 연주하며 축제 분위기를 고조시켰습니다. 학생들의 진심 어린 연주는 관객들에게 큰 감동을 주었고, 연주를 준비한 학생들 역시 무대 위에서 자신감을 얻고 자존감을 높이는 소중한 경험을 할 수 있었습니다. 이 무대는 단순한 예능 발표가 아니라, 공동체 속에서 성장하는 과정 그 자체였습니다.

2018년부터의 확산, 마을이 함께하는 교육

2018년 길마당 축제에서도 대산중학교는 다양한 체험 부스를 운영하며 교육공동체의 중심 역할을 계속 이어갔습니다. 특히 학생자치회는 직접 기획 회의에 참여하고 역할을 분담하며 축제 준비의 전 과정을 주도했습니다. 이는 학생들에게 공동체의 일원으로서의 책임감과 주체적인 태도를 기르게 하는 중요한 교육 과정이었습니다.

한뫼 밴드는 축제 무대에서 흥겨운 음악으로 분위기를 이끌었고, 학부모와 지역 주민들은 자발적으로 부스를 운영하거나 자원봉사자로 참여해 축제를 함께 만들어갔습니다. 이처럼 길마당 축제는 점점 더 많은 마을 구성원들이 참여하는 진정한 '교육 마을 축제'로 성장해갔습니다.

2024년, 길마당 축제의 절정

2024년 제7회 길마당 축제는 지난 세월의 축적과 진화가 집약된 자리였습니다. 대산중학교는 '정보 부스'와 '수학 체험 부스'를 운영했고, 이는 학생들이 주도적으로 기획하고 실행한 것이었습니다. 학생들은 교과와 연계된 활동을 어떻게 즐거운 체험으로 바꿀 수 있을지를 고민했고, 교사들은 이를 조력하며 함께 배움의 현장을 설계해 나갔습니다.

무대 공연 역시 큰 감동을 주었습니다. 오케스트라는 클래식과 대중음악을 넘나드는 레퍼토리로 관객과 호흡했고, 댄스팀은 열정적인 안무와 메시지가 담긴 무대를 선보였습니다. 이 공연은 단순한 발표가 아니라 학생들이 1년간 쌓아온 연습, 협력, 자기표현의 결실이었습니다. 무대에 오른 학생들은 관객의 박수 속에서 성취감을 맛보았고, 이를 지켜보는 이들은 학생들의 성장에 진심으로 감동했습니다.

길마당 축제가 남긴 것들

길마당 축제는 단순한 지역 축제가 아닙니다. 그것은 대산중학교의 교육이 어떻게 지역사회와 만났고, 그 안에서 학생들이 어떻게 성장했는지를 보여주는 살아 있는 기록입니다. 이 축제를 통해 학생들은 지식만이 아닌 삶을 배웠고, 마을과의 관계 속에서 공동체 구성원으로서의 정체성을 키워나갔습니다.

축제를 준비하며 갈등도 있었고, 예상치 못한 어려움도 있었지만, 그 모든 과정을 통해 학생과 교사, 학부모는 서로에 대한 신뢰와 존중을 배우게 되었습니다. 무엇보다 학생들이 축제의 중심에 서서 자신의 배움을 공유하고, 자신의 재능을 나누는 과정을 통해 배움의 진정한 의미를 체감하게 되었다는 점이 가장 큰 성과입니다.

배움의 마을, 대산의 길을 걷다

대산중학교의 길마당 축제는 그 자체로 '마을 교육공동체'의 모델이자 미래 교육의 방향성을 제시하는 사례입니다. 교실이라는 경계를

▲◀
길마당 축제

넘어 마을과 함께 살아가는 교육, 학생이 주체가 되어 실천하는 배움, 모두가 함께 만들어가는 축제. 이것이 바로 지난 10년간 대산중학교가 걸어온 교육의 길이자 앞으로도 이어갈 꿈입니다.

　이제 우리는 확신할 수 있습니다. 혁신학교의 10년은 단순한 제도 개혁이 아니라, 한 사람 한 사람의 삶을 변화시키는 시간이었음을. 그 중심에는 늘 '학생'이 있었고, 그 옆에는 함께하는 교사와 마을이 있었습니다. 학생이 주인공이 되는 학교, 마을이 함께 키우는 아이들. 그 길 위에 오늘도 대산중학교가 있습니다.

아이들,
배움의 중심에 서다

우리가 주인공이에요

---
1. 나와 학교를 바꾼 학생자치회

학생자치회 최우석·진주한·김무진

처음 만난 공동의 책임, 대의원회에서 시작하다

대산중학교에서의 학생회 활동은 '대의원회'라는 이름의 회의에서 시작되었습니다. 학생회가 자치적으로 운영하는 크고 작은 활동들을 함께 의논하고 결정하는 자리. 대의원회는 말 그대로 학생의 대표들이 모여 의견을 나누는 민주적인 공간이자, 우리가 학교의 구성원으로서 어떤 책임을 가지고 행동할지를 고민하는 중요한 시간이었습니다.

209

처음엔 낯설었습니다. 초등학교 시절까지는 주로 선생님이 주도하시는 활동에 참여하는 것이 전부였기에, 학생들이 모여 회의를 열고 스스로 행사 방향을 결정한다는 것이 참 신기하고 놀라웠습니다. 회의 안건은 다양했습니다. 스승의 날 행사 준비, 급식 지도, 체육대회, 캠페인, 다른 학교와의 연합축제까지. 모두 학생회가 스스로 논의하고 결정해야 할 일들이었습니다.

한 사람 한 사람의 의견이 존중받고, 그 의견이 실제 학교 운영에 반영되는 모습을 보며 '내가 진짜 대산중학교 학생회의 일원이구나!'라는 자부심이 생겼습니다. 그리고 처음으로 느낀 감정, 학교를 더 나은 방향으로 바꾸는 데 내가 할 수 있는 일이 있다는 책임감이 싹트기 시작했습니다.

모두가 함께 만든 하루, 체육대회의 진짜 주인공

저희가 처음으로 본격적으로 주도한 행사는 교내 체육대회였습니다. 1, 2학년 때까지만 해도 체육대회는 선생님들이 준비하고 우리는 즐기기만 하는 행사라는 인식이 강했습니다. 그러나 3학년이 되어 전교회장, 부회장, 체육부장 등으로 활동하면서 행사의 전 과정을 기획하고 실행하는 역할을 직접 맡게 되었습니다.

팀 구성, 종목 선정, 경기 일정 짜기, 물품 배치, 운동장 세팅 등 준비할 것은 한두 가지가 아니었습니다. 체육 선생님께서 "이건 학생회가 해야지!"라고 웃으며 격려해 주셨지만, 사실 그 과정은 쉽지 않았습니다. 늦은 시간까지 학교에 남아 회의하고, 자료를 정리하고, 때로는 예상치 못한 돌발 상황에 당황하기도 했습니다.

하지만 힘들었던 만큼 뿌듯함도 컸습니다. 체육대회가 성공적으로 마무리되었을 때, 우리는 단순히 '체육대회를 즐긴 학생'이 아니라, 그 하루를 만들어낸 주체로서 깊은 의미를 느꼈습니다. 우리가 기획한 새로운 종목들이 학생들의 큰 호응을 얻었고, 그 경험은 다음 학생회에게 이어지는 좋은 '선물'이 되었습니다. 무엇보다 이 경험을 통해 학생회의 실질적인 영향력과 책임을 온몸으로 실감할 수 있었습니다.

교실을 넘어, 지역과 연결된 첫걸음, 연합축제

어느 날 대의원회에서 '명지중학교 연합축제'라는 안건이 올라왔습니다. 순간 가슴이 두근거렸습니다. 명지중학교는 인근에 위치한 학교였지만, 실제로 다른 학교 학생들과 함께 축제를 준비하고 참여하는 건 우리 모두에게도 처음이었기 때문입니다.

'어떤 친구들이 우리 학교에 올까?' '어떤 프로그램을 준비해야 서로 즐거울까?' 등 다양한 상상을 하며 축제를 준비했습니다. 프로그램을 기획하고, 학교 간 사전 회의를 조율하며 문화 교류의 현장을 직접 체험하는 시간은 설렘과 긴장의 연속이었습니다.

드디어 축제 당일. 두 학교 학생들이 어색하게 인사를 나누던 순간이 점점 웃음과 환호로 바뀌어 가는 것을 보며, 우리는 '축제의 진짜 힘'을 느꼈습니다. 학생회가 준비한 프로그램이 두 학교 학생 모두에게 큰 인기를 끌었고, 그날의 교류는 서로에게 오래 남을 추억이 되었습니다. 연합축제를 통해 우리는 서로 다른 학교, 다른 환경 속에 있어도 충분히 하나가 될 수 있다는 가능성을 확인할 수 있었습니다.

함께 바꿔낸 일상, 학교폭력 근절 캠페인

학생회 활동 중에서도 특히 인상 깊었던 것은 학교폭력 근절 캠페인이었습니다. 대의원회에서 날짜와 장소, 캠페인 주제를 정하고, 아침 등교 시간에 맞춰 중앙 현관 앞에 모두 모였습니다.

"학교폭력을 멈추자!" "친구를 존중하자!"

학생회가 목소리를 높여 외치는 구호는 처음엔 조용했지만, 점차 자신감 있는 에너지로 가득 찼습니다. 솔직히 처음엔 걱정도 있었습니다. "과연 친구들이 관심을 가질까?"라는 불안도 있었지만, 막상 행동으로 옮기고 나니 친구들의 반응은 진심이었습니다. 눈을 마주치고 고개를 끄덕이는 모습, 함께 구호를 외치는 친구들도 생겨났습니다.

그 외에도 금연 캠페인, 생명존중 캠페인 등 다양한 주제를 가지고 활동했습니다. 캠페인을 통해 우리는 작은 실천이지만 함께 행동하면 큰 영향력을 가질 수 있다는 경험을 했고, 그 경험은 학생회로서의 자부심으로 이어졌습니다. 단순한 행사가 아니라, 학교 문화를 바꾸는 첫걸음이라는 걸 깨닫는 중요한 시간이었습니다.

잊을 수 없는 추억, 리더십 캠프

학생회 활동의 하이라이트는 단연 리더십 캠프였습니다. 처음엔 '과연 어색한 친구들과 잘 지낼 수 있을까' 하는 걱정이 컸습니다. 하지만 캠프는 걱정을 웃음으로 바꾸는 시간이었습니다. 함께 밥을 해 먹고, 팀 활동을 하며, 서로에 대해 알아가는 과정에서 학생회 구성원들은 진심으로 가까워졌고, 단순한 '같이 일하는 친구'에서 '같이 걷는 동료'로 변해갔습니다.

캠프에서는 리더십에 대한 강의, 협력 게임, 학교 프로젝트 아이디어 나누기 등의 프로그램도 진행되었는데, 모두가 진지하게 임하는 모습에서 우리는 '학교를 이끄는 사람'으로서의 사명감을 느끼기 시작했습니다. "나는 학교에 도움이 되는 사람이 되어야겠다." 그 결심은 캠프 이후에도 우리의 행동을 바꾸는 원동력이 되었습니다.

학교와 사회를 연결하는 실천, 학생회 행사들

대산중학교 학생회는 다양한 행사를 주관하며 학교와 지역, 사회를 연결하는 다리 역할을 해왔습니다.

예를 들어 스승의 날 행사에서는 전교생이 선생님들께 편지를 쓰고, 학생회는 선생님의 별명을 재치 있게 정리해드리며 유쾌한 분위기를 만들었습니다. 카네이션을 달아드릴 때 선생님들의 미소를 보며, 우리는 이날이 단순한 기념일이 아니라 감사의 마음을 전하는 소중한 시간이란 걸 실감했습니다.

또한 책임 규약 서명운동도 진행했습니다. 서명 장소, 방법, 시간까지 학생회가 직접 고민하며 기획했고, 친구들이 자연스럽게 참여할 수 있도록 간식도 준비했습니다. 단순한 서명이 아니라 '우리 학교를 우리가 함께 만든다'는 메시지를 담은 활동이었습니다.

가장 인상 깊었던 활동 중 하나는 물품 재활용 나눔 바자회였습니다. 학생들이 집에서 쓰지 않지만 버리기엔 아까운 물건들을 기부하고, 학생회가 그 물건들을 정리해 바자회를 열었습니다. 판매 수익은 전액 기부되었고, 나눔의 가치를 배우는 동시에 학교 안에서 시작된 작은 움직임이 사회로 연결될 수 있다는 희망을 느끼게 되었습니다.

학생회로 성장한 나, 우리가 만든 변화

대산중학교 학생회 활동을 돌아보면, 단순히 '일을 한 경험'이 아닙니다. 저는 이 활동을 통해 진짜 리더십이란, 나 혼자가 아닌 '우리'와 함께할 때 생기는 것임을 배웠습니다. 회의를 하고, 갈등을 조율하고, 함께 계획하고, 실행하고, 마무리하는 모든 순간이 저를 바꾸고, 학교를 바꾸었습니다. 때로는 의견이 부딪치고, 일정이 맞지 않아 힘들 때도 있었지만, 그 모든 경험이 지금의 저를 만들었습니다.

학생회는 제가 '누군가의 대표'로서, 또 '학교의 얼굴'로서 책임 있게 행동하는 법을 배우게 해주었고, 무엇보다 '내가 변화를 만들 수 있다'는 자신감을 심어준 소중한 배움의 터였습니다.

앞으로의 나에게, 그리고 후배들에게

학생회 활동을 하며 문득 이런 생각이 들었습니다. '나는 언제 이렇게 많은 걸 경험하고 있는 걸까?'

처음엔 어색하고 조심스러웠지만, 지금은 학생회의 일원으로서 학교를 움직이는 다양한 활동을 함께해왔고, 여전히 진행 중입니다. 아직 끝나지 않았고, 앞으로 남은 시간 동안도 더 잘해내고 싶다는 마음이 점점 더 커지고 있습니다.

회의를 준비하고, 행사를 기획하고, 친구들과 의견을 나누고, 때로는 예상치 못한 상황에 맞서며 배운 것들은 단순한 '경험'이 아니라 나 자신을 키워주는 과정이었습니다. 무엇보다 이 활동 속에서 '함께 움직이는 힘'이 얼마나 크고, 또 따뜻한 것인지 매일매일 느끼고 있습니다.

그래서 저는 아직 학생회에 관심을 두지 못한 친구들에게, 그리고 앞으로 학생회에 참여할 후배들에게 말해주고 싶습니다.

"학생회는 특별한 사람이 하는 게 아니에요. 용기를 내어 한 걸음 들어오면, 그 안에서 진짜 나를 만나게 돼요. 누구보다 먼저 고민하고 먼저 움직이는 일은 쉽지 않지만, 그만큼 학교를 사랑하게 되고, 나 자신도 많이 성장할 수 있어요."

앞으로 남은 시간 동안도, 우리는 함께 학교를 더 좋은 방향으로 만들어갈 것입니다. 그리고 후배들이 이 길을 이어갈 때, 저희가 느꼈던 이 따뜻한 책임감과 자부심도 함께 전해지기를 바랍니다.

2. 내 삶의 뿌리가 된 대산중학교

졸업생 이희주

낯설지만 설레었던 배움의 첫걸음

안녕하세요. 저는 대산중학교의 62회 졸업생 이희주입니다. 모교인 대산중학교가 혁신학교로서 10년의 세월을 걸어왔다는 소식을 들었습니다. 이 자리를 빌려, 제가 이 학교에서 보낸 3년이라는 시간이 제게 어떤 의미였는지, 그리고 혁신학교가 저의 성장에 어떤 긍정적인 영향을 주었는지를 솔직하게 나누고자 합니다. 제가 겪었던 이 작은 이야기가 대산중학교의 소중한 가치를 다시 떠올리는 계기가 되고, 앞으로 학교가 걸어갈 길에 작게나마 보탬이 되기를 바랍니다.

중학교 1학년. 저는 설렘과 두려움 속에서 대산중학교에 입학했습니다. 초등학교와는 전혀 다른 분위기, 그리고 학교가 지향하는 낯선 교육 방식은 저에게 신선한 충격이었습니다. 특히 저희 학년은 자유학년제가 처음 도입된 세대였는데, 시험 부담 없이 다양한 활동을 경험할 수 있다는 점이 참 특별하게 느껴졌습니다. 덕분에 저는 성적에 대한 걱정 없이, 배움 자체에 몰입할 수 있었습니다.

특히 기억에 남는 수업은 수학 시간에 귤껍질을 이용해 구의 겉넓이를 알아보는 활동이었습니다. 단순히 공식을 외우는 것이 아니라, 손으로 만지고 직접 펼쳐보며 원의 넓이의 4배라는 개념을 '체험'으로 이해할 수 있었습니다. 이처럼 직접 부딪히며 배우는 방식은 저에게 '공부'에 대한 새로운 시각을 열어주었습니다.

동아리 활동에서 배운 협력과 끈기

1학년 시절, 저는 동아리 활동에도 큰 즐거움을 느꼈습니다. 선택의 폭이 넓어 어떤 동아리에 들어갈지 행복한 고민을 하던 끝에, 대산중학교의 전통 있는 관악부에 들어가 악기를 배우기 시작했습니다. 처음엔 악보 보기도 어렵고 소리도 제대로 내지 못했지만, 친구들과 함께 합주하며 하나의 곡을 완성하는 과정에서 큰 보람을 느꼈습니다. 이 경험은 단순히 악기 연주에 그치지 않고, 협동의 가치와 끈기라는 덕목을 자연스럽게 체득하는 계기가 되었습니다. 이 기억 덕분에 저는 대학생이 된 지금까지도 오케스트라 동아리에서 연주 활동을 계속 이어가고 있습니다.

이 시기, 저는 학교가 말하던 '학생 중심의 배움'이 무엇인지 서서히 이해해가기 시작했습니다.

탐색과 도전의 시기, 나를 찾아가는 2학년

자유학년제가 끝난 뒤, 2학년이 되면서 저는 더욱 깊이 있게 학교 교육에 몰입할 수 있었습니다. 이 시기는 제게 '탐색'과 '도전'의 시간으로 기억됩니다. 특히 다양한 프로젝트 수업과 자율적 활동들이 제 잠재력을 이끌어내는 데 큰 도움이 되었습니다.

과학 시간에는 자율 탐구 프로젝트를 진행했는데, 일상 속에서 궁금한 주제를 찾아 탐구 계획을 세우고 직접 실험하며 결과를 발표하는 활동이 인상 깊었습니다. 단순히 정답을 배우는 것이 아니라, 문제를 발견하고 스스로 해결해보는 과정을 통해 비판적 사고력과 표현력을 함께 키울 수 있었습니다.

또한 대부분의 수업에서 '거꾸로 수업'이 이루어졌습니다. 집에서 개념을 미리 익히고, 학교에서는 친구들과 토론하거나 활동을 하며 배움을 확장해나가는 방식은 제게 큰 재미와 성취감을 주었습니다. 자유롭게 발표할 기회도 많아지면서 자연스럽게 발표력도 향상되었습니다.

따뜻한 기억을 만드는 소소한 활동들

학교에서 진행한 작고 따뜻한 활동들도 기억에 남습니다. 아침마다 교장실에서 친구들과 함께 토스트를 만들어 나눠 먹었던 '아침밥 먹기 캠페인'은 그중 하나입니다. 학교가 단순히 지식을 가르치는 공간이 아니라, 학생들의 건강과 감정까지 세심히 돌보는 공간이라는 느낌을 받았던 순간이었습니다.

친구들과 아이디어를 내고 역할을 나누며 협력하는 과정은 갈등 조율과 소통 능력을 기르는 좋은 훈련이 되었고, 선생님들은 언제나 우리에게 '정답'을 주시기보다는 스스로 답을 찾아가도록 든든히 기다려주셨습니다. 이러한 경험들은 제가 자기 주도적인 배움을 이어갈 수 있는 힘의 밑거름이 되었습니다.

성숙과 준비의 3학년, 위기 속에서 얻은 성장

3학년이 되어서는 미래에 대해 진지하게 고민하고 준비하는 시간이 많아졌습니다. 그리고 그해, 코로나19 팬데믹이라는 큰 변화가 찾아왔습니다. 갑작스러운 온라인 수업과 비대면 상황은 처음엔 무척 낯설고 어렵게 느껴졌지만, 대산중학교에서 지난 2년 동안 배운 자기 주도적 학습 습관과 문제 해결 능력 덕분에 저는 잘 적응해 나갈 수 있었습니다.

특히 기술·가정 시간에 진행했던 감사 일기 쓰기 과제는 지금도 기억에 남습니다. 매일 하루를 돌아보며 감사한 일을 적는 이 과제를 통해, 저는 일상의 작은 순간들 속에서 긍정적인 에너지를 얻고, 마음을 돌보는 법을 배웠습니다. 이 활동은 고등학교에 진학해서도 입시 스트레스를 덜어주는 사소하지만 강력한 습관이 되어주었습니다.

또한 3학년 때는 전교 부회장으로 활동하며 학교 운영에 직접 참여해 보기도 했습니다. 학생들의 불편을 선생님께 건의하고, 작은 변화를 만들어내는 일은 제게 '학교를 함께 만들어간다'는 감각을 심어주었습니다.

대산중학교가 심어준 삶의 힘

이 글을 쓰며 되돌아보니, 대산중학교에서의 3년은 단순한 학창시절이 아니라 제 삶의 뿌리를 만들어 준 시간이었습니다. 자유학년제를 통해 부담 없이 배움에 몰입했고, 프로젝트 수업과 탐구 활동을 통해 '생각하는 힘'을 길렀으며, 거꾸로 수업과 다양한 실천 활동을 통해 진짜 실력은 교과서 바깥에서도 길러질 수 있다는 것을 배웠습니다.

매 수업 시간의 발표 기회, 그리고 반장과 부회장으로서 학교 공동체에 참여하며 키운 리더십은 지금의 저를 구성하는 중요한 토대가 되었습니다. 저는 이 학교에서 단순히 공부만 한 것이 아니라, 스스로 문제를 해결하고, 타인과 협력하며, 나다운 삶의 방향을 찾는 법을 배웠습니다.

진심을 담아 전하는 감사와 응원

이 모든 경험이 가능하도록 만들어 주신 대산중학교의 선생님들께 진심으로 감사드립니다. 학생 한 명 한 명의 특성과 속도에 맞춰 끊임없이 고민하고, 새로운 시도를 마다하지 않으셨던 선생님들의 노력 덕분에 저는 배움이란 무엇인가에 대해 진지하게 마주할 수 있었습니다.

대산중학교가 앞으로도 지금처럼 학생이 행복한 학교, 배움이 살아 있는 학교, 교육공동체가 함께 성장하는 학교로 계속 이어지기를 진심으로 바랍니다. 저의 이 작은 이야기가 대산중학교의 혁신 10년을 되돌아보는 데 있어 한 조각의 기억이 되었기를 바랍니다. 그리고 앞으로 이 학교에서 배움의 여정을 시작할 후배들이 자신만의 빛나는 성장을 이뤄가기를 진심으로 응원합니다.

3. 예고편 같은 수업, 인생의 방향을 바꾸다

졸업생 신의철

'의사 꿈'의 씨앗이 자란 시간

안녕하세요. 저는 대산중학교에서 재학하며 배움의 참된 즐거움을 느꼈고, 그 경험을 바탕으로 지금은 충북대학교 의과대학에서 꿈을 향해 한 걸음씩 나아가고 있는 한 명의 학생입니다.

어릴 적부터 저는 슈바이처 같은 의사가 되고 싶었습니다. 단순히 의사가 아니라, 다른 사람의 삶을 돌보고 지켜주는 따뜻한 사람이 되고 싶다는 마음이 컸습니다. 그러기 위해서는 공부도, 사람에 대한 이해도, 무엇보다 스스로를 성장시킬 수 있는 힘도 필요하다는 걸 알게 되었습니다. 그렇게 저는 '의과대학 진학'이라는 목표를 학창시절의 가장 중요한 과제로 삼았습니다. 그리고 지금, 그 목표를 이룰 수 있었던 배경을 돌아보면 늘 제일 먼저 떠오르는 것이 바로 중학교 시절에 만난 '거꾸로 수업'입니다.

이 글에서는 그 수업이 저에게 어떤 의미였는지, 그리고 어떻게 저의 학습 태도와 삶을 바꾸었는지를 이야기해보려 합니다.

영화에 예고편이 있듯, 수업에도 있다면

어릴 적, 저는 부모님과 함께 영화관에 가는 걸 참 좋아했습니다. 늘 그렇듯 본편을 보기 전 예고편이 나오면 저는 유난히 더 집중하게 되었고, 심장이 두근거릴 정도로 설렘을 느꼈습니다. 예고편은 짧지만, 영화의 핵심 장면을 담고 있어 관객의 흥미를 자극하는 힘이 있습니다. 그러다 어느 날 문득 이런 생각이 들었습니다. "수업에도 이런 예고편이 있다면 얼마나 좋을까?"

실제로 또래 친구들 대부분은 학교 수업을 지루하게 느끼곤 했습니다. 물론 영화와 수업을 단순 비교할 수는 없지만, '기다려지는 수업'이 존재할 수 있다면 어떨까 하는 상상이 떠나지 않았습니다. 그런 상상이 현실이 된 것이 바로 대산중학교에서 경험한 '거꾸로 수업'이었습니다. 이 수업은 저에게 '학교 수업'이라는 개념 자체를 새롭게 정의해주는 경험이었습니다.

'헉' 소리 나게 신났던 거꾸로 수업

'거꾸로 수업'은 혁신 그 자체였습니다. 선생님께서 5~15분 정도의 짧은 영상 강의를 직접 촬영해 수업 전에 학급 앱이나 플랫폼에 올려주시고, 학생들이 그 영상을 집에서 미리 시청한 뒤, 본 수업 시간에는 토론이나 활동 중심으로 배움을 확장하는 방식이었습니다.

저는 이 수업 방식이 영화 예고편을 보고 본편을 기다리는 감정과 너무도 닮았다고 느꼈습니다. 미리 영상을 보고 나면, 다음 날 학교에서 어떤 활동을 하게 될까 기대하게 되고, 선생님의 질문에 능동적으로 답하고 싶은 마음까지 생겼습니다. 게다가 방과 후에 학생들이 쉬고 있을 때, 선생님께서 직접 교실에서 영상을 찍으시는 모습을 종종 보게 되었는데, 그 모습에서 느껴지는 선생님의 열정은 감동적이기까지 했습니다. 본 수업에서는 혹시 영상을 보지 못한 친구들을 위해 내용을 간단히 짚어주시고, 나머지 시간은 활동 중심으로 구성되어 있었습니다.

그중 특히 기억에 남는 활동은 수학 시간에 귤껍질을 이용해 구의 겉넓이를 구해보는 실험 수업이었습니다. 그 수업은 단순히 공식을 외우는 것이 아니라, 몸으로 체험하며 '왜 그런가'를 스스로 이해할 수 있었던 시간이었습니다.

'거꾸로 수업' 덕분에, 중학교 시절의 수업은 늘 즐겁고 행복한 기억으로 남아 있습니다. 그래서 저는 이 수업을 한마디로 표현하자면, "혁 소리 나게 신났던 수업들"이라고 자신 있게 말할 수 있습니다.

거꾸로 수업이 남긴 것들, 예습 복습의 습관화

거꾸로 수업은 저의 공부 방식 자체를 완전히 바꾸어 놓았습니다. 특히 세 가지 측면에서 저에게 결정적인 변화를 가져왔습니다.

첫째, 거꾸로 수업을 하면서 '예습'은 선택이 아닌 자연스러운 습관이 되었습니다. 수업 전에 영상을 보는 것이 생활의 일부가 되었고, 그 과정에서 어떤 개념이 등장할지 미리 파악하며 흥미를 갖게 되었습니다.

이 습관은 고등학교에 진학한 이후에도 이어졌습니다. 저는 매일 다음 날 시간표를 보고, 해당 과목 선생님들께 학습 범위를 여쭤보거나 자습서로 미리 내용을 훑어보는 루틴을 만들었습니다. 그 덕분에 수업에 대한 기대감이 생겼고, 교실 안에서의 이해도도 높아졌습니다.

둘째, 예습이 자연스러워지자, 복습도 그 흐름을 따라 자연스럽게 이어졌습니다. 수업 시간에 새롭게 알게 된 내용, 선생님께서 짚어주신 핵심 포인트를 정리하며, 전날 영상에서 궁금했던 부분이 해소되거나 반대로 더 깊이 탐구하고 싶은 주제가 생기기도 했습니다. 그 과정은 단순히 '복습'이라는 단계를 넘어서, 지식의 연결 고리를 확장하는 배움의 연속이었습니다.

셋째, 예습과 복습이 하나의 루틴으로 정착되면서, 자연스럽게 학습의 습관화가 이루어졌습니다. 시험을 앞두고 급하게 벼락치기를 하지 않아도 되었고, 수업 내용을 더 오래 기억할 수 있었기에 정리할 시간도 더 효율적으로 사용할 수 있었습니다. 이처럼 '거꾸로 수업'은 단순한 수업 방식의 변화가 아니라, 공부에 대한 태도 자체를 바꾸어준 전환점이었습니다.

거꾸로 돌아본 나, 그리고 다시 떠올리는 감사

지금은 대학생이 되어, 새로운 전공 수업과 병행하며 의사라는 꿈에 한 발짝씩 다가가고 있습니다. 그 과정에서 중학교 시절을 돌아보면, 늘 제일 먼저 떠오르는 건 대산중학교 선생님들의 열정입니다. 영상 수업을 준비하시느라 퇴근 후에도, 주말에도 시간을 내어주셨던 그 모습, 학생 한 명 한 명의 눈높이에 맞춰 수업을 구성해 주셨던 배려, 그리고 질문 하나에도 귀 기울이며 응원해주시던 따뜻한 마음. 그 모든 것들이 저의 공부에 대한 흥미를 키워주었고, 지금의 저를 있게 해주었다고 생각합니다.

어쩌면 저는 '공부를 좋아하는 아이'가 아니라, 좋아지게 만들어 준 교육을 만났던 '행운의 아이'일지도 모릅니다.

모두가 배움을 즐기는 교실을 꿈꾸며

공부에 대한 재능이 크지 않았던 제가 의대에 진학할 수 있었던 건, 거꾸로 수업이 만들어 준 흥미와 습관, 그리고 선생님들의 진심 어린 교육 덕분입니다. 저처럼 공부에 어려움을 느끼는 학생들이 거꾸로 수업을 통해 자기 주도적인 배움의 재미를 느끼고, 그 힘으로 자신의 꿈에 다가설 수 있기를 진심으로 바랍니다.

대산중학교는 저에게 '공부하는 법'이 아닌, '배움이 즐거울 수 있다'는 감각을 알려준 곳입니다. 그 배움의 씨앗은 지금도 제 안에서 자

라고 있습니다. 그 씨앗이 많은 아이에게도 심어질 수 있도록, 앞으로
도 대산중학교가 혁신과 따뜻함을 이어가는 배움터로 계속되기를 진
심으로 응원합니다.

4. 함께 배운다는 것의 의미

낯선 시작, 새로운 성장의 첫걸음

낯선 곳에서의 중학교 입학은 저에게 두려움과 설렘이 교차하는 특별한 시작이었습니다. '잘 적응할 수 있을까?', '내가 원하는 친구들을 만날 수 있을까?', '공부는 잘 따라갈 수 있을까?'라는 걱정이 머릿속을 가득 채웠습니다. 어린 마음에 새 교복을 입고 교문을 넘는 그 순간마저도 어깨가 잔뜩 굳어 있었던 기억이 납니다. 하지만 이런 염려는 생각보다 오래가지 않았습니다.

제가 다닌 대산중학교는 지금까지 제가 알던 '학교'와는 사뭇 다른 공간이었습니다. 획일적인 교육이 아닌, 다양성을 인정하고 배움의 방식부터 관계까지 모두가 주체가 되는 곳이었기에, 그 다름이 곧 저의 즐거움이자 성장의 밑거름이 되었습니다.

배움의 주체가 되었던 수업

제가 중학교 생활에서 가장 기억에 남는 것은 바로 '거꾸로 수업'이라는 학습 방식이었습니다. 당시에는 생소하게 느껴졌지만 시간이 지날수록 그 방식의 매력과 효과에 깊이 빠져들게 되었습니다. 선생님께서는 수업에 앞서 5~15분 분량의 짧은 영상을 직접 제작하여 학급 앱에 공유해 주셨습니다. 그 영상들은 수업의 핵심 개념을 간결하고 명확하게 설명하고 있었고, 우리는 그 영상을 집에서 미리 시청한 후, 학교에서는 그 내용을 바탕으로 활동 중심의 수업을 진행했습니다.

이러한 수업은 저에게 공부의 본질이 '암기'가 아니라 '이해'이고, 수업의 주인은 '선생님'이 아닌 '학생'이라는 사실을 깨닫게 해주었습니다. 수업에 대해 사전 이해가 되어 있으니 선생님의 질문에도 더 적극적으로 대답하게 되었고, 자연스럽게 토론과 발표에도 흥미를 가지게 되었습니다.

특히 수업 시간에 친구들과 함께 진행하는 하브루타 활동은 인상 깊었습니다. 처음에는 어색했지만 점점 "이건 이렇게 생각해봤어", "그건 다르게 해석할 수 있지 않을까?" 하고 서로 질문과 답을 주고받으며 사고가 확장되는 경험을 했습니다. 이러한 경험은 저에게 '학습은 경쟁이 아닌 협력의 과정'이라는 가치를 일깨워 주었습니다.

개인의 속도를 존중받았던 수업

수학 수업은 학생들의 수준에 따라 반을 나누어 운영되었습니다. 저는 그중에서도 중간 수준의 반에서 수업을 들었는데, 제 수준에 맞춘 설명을 들으며 부담 없이 수업에 집중할 수 있었습니다. 어려운 문제 앞에서는 선생님께 질문도 쉽게 할 수 있었고, 이해가 빠른 친구가 곁에서 도와주는 분위기 덕분에 혼자 뒤처진다는 느낌이 들지 않았습니다.

이렇게 서로 배우고 도우며 함께 성장하는 수업은 저의 수학에 대한 두려움을 조금씩 줄여주었습니다. 무엇보다 중요한 건, 나의 속도를 누군가가 존중해준다는 감각이었습니다. 빠른 친구들은 배려를 배우고, 느린 친구들은 기다림 속에서 자신감을 회복하며 각자의 위치에서 성장할 수 있었던, 정말 따뜻한 수업 환경이었습니다.

리더십과 자신감의 발견

이러한 협력적이고 활기찬 수업 환경은 저의 내면에도 큰 변화를 일으켰습니다. 특히 조별 활동이나 역할 분담이 많은 수업을 통해 저는 리더로서의 자질과 책임감을 서서히 발견하게 되었습니다. 처음에는 친구들의 의견을 정리하고 발표하는 정도였지만, 점점 저 스스로 앞에 서서 방향을 제시하고 문제를 해결해 나가는 일에 익숙해졌습니다.

그 결과 저는 중학교 시절 반장과 학생 부회장을 맡아 학급과 학교를 대표하는 역할까지 수행하게 되었습니다. 초등학교 시절에는 한 번도 리더 역할을 맡아본 적이 없던 제가 스스로도 놀랄 만큼의 변화였고, 이는 고등학교 시절 학생회장, 대학 진학 후 과대표까지 이어지며 저의 삶에서 중요한 자산으로 남게 되었습니다.

감사 일기, 삶을 돌아보는 소중한 습관

중학교 시절, 기술·가정 시간에 매일 감사 일기를 쓰는 활동을 했습니다. 처음에는 숙제처럼 느껴졌지만, 하루하루 감사한 일을 기록하면서 저의 시선은 점차 달라졌습니다. '오늘 아침에 날씨가 좋아서 기분이 좋았다', '친구가 먼저 인사를 건네줘서 고마웠다' 같은 사소한 일들이 하루를 따뜻하게 만들어 준다는 사실을 깨닫게 되었습니다.

이 활동은 단순히 글쓰기를 넘어서, 제가 하루를 마무리하고 스스로를 돌아보는 시간으로 자리 잡게 되었습니다. 지금도 하루의 끝에 감사한 일을 생각해 보는 습관은 이어지고 있고, 이것은 저를 긍정적으로 바라보는 사람으로 성장시키는 데 큰 밑거름이 되었습니다. 받은 감사와 따뜻함을 다시 누군가에게 돌려주고 싶은 마음도 이때부터 싹트기 시작한 것 같습니다.

나를 알아가고, 세상을 향해 나아가다

이제 와서 중학교 시절을 돌아보면, 그 시절은 단순히 공부를 배우는 시간이 아니라 '나'를 알아가는 여정이었습니다. 어떤 과목에 흥미를 느끼는지, 어떤 방식으로 배울 때 몰입하게 되는지, 나는 어떤 사람이며 무엇을 좋아하고 잘하는지, 이러한 것들을 하나하나 알아가는 시간이었습니다.

무엇보다 경쟁이 아닌 협력의 분위기, 틀림이 아닌 다름을 인정하는 문화 속에서 저는 배움의 진정한 의미를 깨달을 수 있었습니다. 친구들과 함께 웃고, 함께 고민하고, 함께 성장해 나갔던 수많은 순간이 지금의 저를 이루는 중요한 토대가 되었습니다.

현재 저는 응급구조학과에 재학 중이며, 위기 상황에서 사람들의 생명을 지킬 수 있는 전문가가 되고자 노력하고 있습니다. 중학교 시절에 길렀던 소통 능력, 협력 태도, 책임감, 리더십은 지금의 제 진로와도 깊이 연결되어 있고, 앞으로도 계속 저를 이끌어 줄 소중한 자산입니다.

함께 배우는 학교가 주는 진짜 교육

대산중학교에서의 '함께 배우는 수업'과 '함께 성장하는 학교'는 저에게 공부를 넘어 '삶'을 가르쳐 주었습니다. 교실 안에서 배우는 지식뿐 아니라, 교실 밖에서 친구들과 나누었던 관계와 경험, 선생님들께 받았던 격려와 믿음은 제 마음속에 깊이 자리 잡고 있습니다.

앞으로 어떤 길을 걷게 되더라도, 저는 대산중학교에서 배운 가치들과 기억들을 가슴에 품고 살아갈 것입니다. 그리고 그 따뜻함이 언젠가 누군가에게 전해질 수 있도록, 더 나은 세상을 만드는 사람이 되기 위해 노력할 것입니다.

교실은 작지만 마음은 넓어요

---

1. 함께 배우고 성장하는 우리 교실 이야기

교사 이랑희

우리 학급의 빛나는 비전과 목표!

제가 이곳에서 아이들과 함께한 지 어느덧 3년째를 맞이하고 있습니다. 제가 이 학교에 처음 발을 들였을 때가 바로 지금의 3학년 아이들이 1학년으로 입학했던 때와 같았습니다. 신기하게도 저는 1학년 때부터 이 아이들의 담임을 맡아 2학년, 그리고 지금 3학년까지, 매년 같은 아이들과 함께 성장하고 있습니다. 특히 우리 반의 4명의 친구들은

3년 내내 저와 함께하고 있는데, 이쯤 되면 서로에게 가족만큼이나 익숙하고 소중한 존재가 된 것 같습니다. 이 특별한 인연 속에서 저는 '학급의 비전'이 우리 모두의 나침반이 된다는 사실을 더욱 깊이 깨달았습니다.

단순히 "잘 지내보자!"는 말보다는, 우리 모두가 함께 꿈꿀 수 있는 명확한 그림이 필요했습니다. 그래서 우리 반은 "함께 배우고 성장하는 학급"을 비전으로 삼았습니다. 지난 3년간 우리 아이들과 이 비전을 향해 나아가기 위해, 저희는 다섯 가지의 소중한 학급 목표를 세웠습니다. 마치 밤하늘의 별처럼, 이 목표들이 우리 아이들을 올바른 길로 이끌어주는 빛이 되어주기를 바랐습니다.

첫째, "서로 존중하고 배려하는 학급"을 만들고 싶었습니다. 각자 다른 아이들이 모인 곳인 만큼, 다름을 인정하고 서로를 아껴주는 마음이 가장 중요하다고 생각했습니다. 특히 초등학교 때부터 시작하여 중학교 생활을 함께하며 서로의 장단점을 너무나 잘 아는 친구들이기에, 더 깊이 존중하고 배려하는 법을 배우는 것이 중요했습니다.

둘째, "자율과 책임을 배우고 실천하는 학급!" 아이들이 스스로 선택하고 그 결과에 책임지는 경험을 통해 자신의 삶을 주체적이고 능동적으로 꾸려나가는 진정한 어른으로 성장하기를 바랐습니다.

셋째는 "학생, 학부모, 교사가 소통이 잘되는 학급"입니다. 아이들의 성장을 위해서는 학교와 가정이 든든한 다리로 연결되어야 하니까요. 3년이라는 긴 시간 동안 학부모님들과 쌓인 두터운 신뢰는 우리 반의 큰 힘이 되어주고 있습니다.

넷째, "환경의 소중함을 알고 상생을 실천하는 학급". 혁신학교의 중요한 가치 중 하나인 생태 감수성을 우리 교실 안에서부터 키우고 싶었습니다. 그래서 함께 식물을 돌보거나 사용하지 않을 때 냉·난방기와 전등을 끄는 등 우리가 할 수 있는 것을 해보기로 했습니다.

마지막으로 다섯째 목표는 "몸과 마음이 안전하고 서로의 성장을 응원하는 학급"입니다. 아이들이 학교가 가장 편안하고 행복한 곳이라고 느낄 수 있도록, 마음껏 배우고 뛰어놀 수 있는 공간을 만드는 것이 저의 바람이었습니다.

이렇게 학급 비전과 목표를 세우고 나니, 우리 반은 그저 수업만 하는 공간이 아니라, 아이들 한 명 한 명의 소중한 삶이 피어나는 특별한 정원이 되었습니다.

자율과 책임, 그리고 나를 알아가는 성장통 프로젝트!

우리 반의 빛나는 비전과 목표들을 향해 나아가기 위해, 지난 3년간 저희는 매일매일 특별한 활동들을 꾸준히 실천했습니다. 그중 하나는 1, 2학년 때 시도했던 '소·행·성(소중하고 행복한 우리들의 성장일기)' 작성입니다. 이 활동은 아이들 스스로 자신의 감정을 돌아보고, 그날 배운 내용을 정리하며, 담임교사인 저와 소통하는 중요한 방법이 될 수 있을 것이라 기대했습니다. 아이들의 자기 주도성을 키우는 데 도움이 될 것이라는 희망도 가졌습니다.

그러나 솔직히 말씀드리자면, 모든 아이가 이 활동에 즐겁게 참여한 것은 아니었습니다. 20명 남짓한 학생들 중 4, 5명은 꾸준히 성실하게 '소·행·성'을 작성하며 의미 있는 자기 성찰과 학습 정리를 이어갔습니다. 이 아이들의 모습은 저에게 큰 보람을 주었습니다. 하지만 나머지 대부분 학생은 '소·행·성' 작성을 매우 귀찮아했습니다. 당시에는 아이들의 흥미를 모두 이끌어내지 못해 아쉬움도 남았지만, 이 경험을 통해 저는 아무리 좋은 시도도 모든 아이에게 동일하게 적용될 수는 없다는 귀한 가르침을 얻을 수 있었습니다.

이렇듯 다양한 시도와 그 속에서의 배움 역시 교사로서의 성장에 중요한 과정임을 깨달았습니다. 물론, 소·행·성이 모두에게 완벽한 성공은 아니었을지라도, 성실하게 참여했던 소수의 학생에게는 자신을 이해하고 스스로 학습하는 소중한 경험을 제공해주었다고 믿습니다.

그리고 빼놓을 수 없는 것이 바로 '민주주의를 배우는 반장선거'입니다. 1학년 때는 단순히 인기 있는 친구나 목소리 큰 친구가 반장이 되는 경우도 있었지만, 3년째 함께하며 아이들은 진정한 리더십이 무엇인지 깨닫기 시작했습니다. 선거 전에 '반장에게 묻는다', '이럴 때는 어떻게 할래?', '우리가 바라는 반장의 모습' 같은 질문들을 함께 고민하며, 누가 우리 반에 가장 적합한 리더인지 아이들 스스로 깊이 생각하는 과정을 거쳤습니다. 후보들의 공약을 듣고 질문하며, 때로는 날카로운 지적도 서슴지 않는 아이들의 모습에서 아이들이 민주주의를 배워나가길 기대했습니다. 이렇게 민주적인 과정을 통해 뽑힌 반장은 더욱 책임감을 가지고, 다른 친구들도 그 리더십을 존중하는 학급 분위기가 조금씩 만들어졌습니다.

조회 시간에 되도록 '독서'를 할 수 있도록 했습니다. 조용한 아침 교실에서 아이들이 책 속으로 퐁당 빠져드는 모습은 그 자체로 평화로운 풍경이었습니다. 다른 활동을 하느라 못하는 날들도 있었지만 마음을 차분히 하고 조금이라도 책을 읽어볼 수 있는 계기를 마련했다는 데 의미가 있다고 생각합니다. 그리고 '1인 1역' 활동을 통해 아이들은 학급의 다양한 일들을 스스로 맡아 해결하며 소속감을 키웠습니다. 1학년 때부터 매일 해왔던 작은 역할들이 모여 우리 반은 더욱 깔끔하고 질서 있는 공간이 되었습니다. 이 모든 활동이 아이들의 몸과 마음에 바른 인성과 정서적 안정을 심어주는 소중한 씨앗이 되었습니다.

마음을 나누고, 함께 추억을 쌓는 교실!

우리 반은 단순히 공부만 하는 곳이 아니었습니다. 3년째 함께하는 시간 동안 우리는 가족보다 더 많은 시간을 함께하며 서로의 마음을 보듬어주고, 함께 웃으며 행복한 추억을 만들어가는 따뜻한 공동체가 되었습니다. 그중에서도 제가 중요하게 생각했던 활동은 바로 매달 열리는 '칭찬 나눔' 시간입니다.

매달 칭찬할 대상을 정해 마음을 나눴는데, 때로는 앞번호 친구, 때로는 뒷번호 친구, 그리고 선생님, 부모님, 심지어 자기 자신까지! 아이들은 포스트잇에 구체적인 칭찬 내용을 빼곡히 적어 칭찬 게시판에 붙였습니다. 3년간 서로를 지켜봐 왔기에 칭찬의 내용도 훨씬 구체적이고 진심이 담겼습니다.

"○○아, 네가 내가 어려워할 때 도와줘서 고마워!", "선생님, 어제 수업 너무 재밌었어요!", "나는 이번 학기 열심히 공부했고 졸지 않기 위해 노력했다!"

처음엔 쑥스러워하던 아이들도, 자신을 칭찬한 내용을 보려고 게시판 앞에 서 있는 모습은 참 예뻤습니다. 서로에게 건넨 따뜻한 말 한마디가 우리 반의 공기를 조금씩 긍정적으로 바꾸어 놓았다고 믿고 있습니다.

그리고 우리 반의 성장을 생생하게 기록하기 위해 매달 단체사진 촬영을 빼먹지 않았습니다. 1학년 때의 풋풋했던 모습부터 3학년의 의젓한 모습까지, 같은 것 같지만 조금씩 더 성장해가는 모습을 찍은 사진들을 보면서 아이들은 "우와, 우리 진짜 많이 컸다!", "○○이 얼굴이 변했네?" 하며 즐거워했습니다. 이 사진들은 나중에 아이들에게 잊지 못할 추억이 되고, 우리 학급의 소중한 역사가 되었습니다. 특히 3년 내내 함께한 4명의 친구들을 보면 매년 찍은 사진마다 달라진 모습에 저조차 놀라곤 합니다.

매월 생일을 맞은 친구들과 소소한 생일파티도 했습니다. 생일인 친구를 위해 다 같이 축하 노래를 부르고, 축하 메시지와 작은 선물을 전했습니다. 생일을 맞은 친구나 축하해 주는 친구나 쑥스러워하기도 하지만 서로의 존재를 축하하는 시간으로 기억되길 바라봅니다.

'어버이날 편지 쓰기' 활동은 특히 기억에 남습니다. 미리 보호자님께 학생들의 어릴 적 사진과 편지를 받아와, 제가 아이들 앞에서 직접 읽어 주었습니다. 부모님의 사랑이 담긴 편지에 아이들은 눈시울을 붉

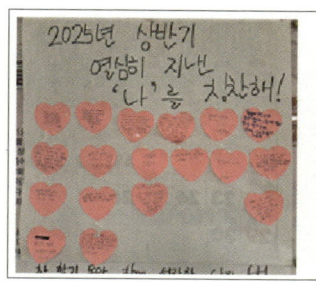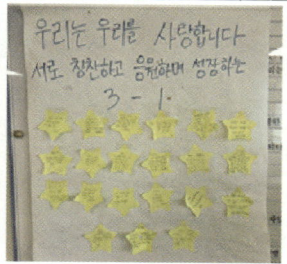

칭찬하기 활동

매월 찍는 단체사진

히기도 하고, 환한 웃음을 터뜨리기도 했습니다. 3년간 매년 이 활동을 하면서 아이들과 부모님 사이에 더욱 깊은 유대감이 형성되었길 기대해 봅니다. 아이들이 직접 부모님께 답장을 쓰는 시간은 정말 진지하고 소중한 시간이었습니다. 서로의 마음을 깊이 이해하고 감사함을 표현하는 아름다운 순간이었습니다.

교실에서 피어나는 우리 아이들의 눈부신 성장 이야기

우리 반의 활동은 아이들이 "자신을 이해하고 타인을 배려하며 공동체의 일원으로 성장"할 수 있도록 기획했습니다. 그리고 다양한 교육 활동을 통한 정서 안정 및 바른 인성을 갖춘 인재로 성장하기를 간절히 기대했습니다. 우리 반에서는 이런 기대가 현실이 되는 놀라운 순간들을 마주하는 순간이 있었습니다. 특히 3년이라는 긴 시간 동안 아이들의 성장을 가장 가까이에서 지켜볼 수 있었던 것은 저에게도 큰 축복이었습니다.

학기가 끝나갈 무렵, 저희는 '한 학기 성찰' 설문조사를 실시했습니다. 아이들에게 가장 좋았던 활동은 무엇인지, 아쉬웠던 점은 무엇인지, 선생님께 하고 싶은 말은 무엇인지 솔직하게 물어보았습니다. 1학년 때의 짧은 대답들에서 벗어나, 3학년이 된 아이들은 훨씬 깊이 있는 생각과 진심을 담아 답변해주었습니다. 소중한 피드백들은 다음 학년의 학급 운영에 큰 자양분이 되었습니다.

그리고 때로는 조금 민감할 수 있는 문제들을 위해 '한 달 성찰'을 비밀투표로 진행하기도 했습니다. 자신의 생각과 느낀 점을 자유롭게 표현할 수 있게 해서, 교실 내에서 발생할 수 있는 갈등이나 생활지도에 필요한 귀한 자료로 활용했습니다. 3년 동안 쌓인 데이터는 아이들의 변화를 한눈에 볼 수 있게 해주었습니다. 아이들의 솔직한 이야기는 제가 미처 알지 못했던 부분들을 헤아릴 수 있게 해주었습니다.

학기 초에 가장 신나는 '학급 어울림마당'을 열었습니다. 아이들이

학급 특색활동

모둠을 짜서 직접 게임을 준비하고, 함께 음식을 만들어 먹으면서 스트레스도 날려버리고, 친구들과 더 끈끈하게 친해지는 시간이었습니다. 웃음소리가 끊이지 않던 이날은 학교폭력을 예방하는 데에도 큰 도움이 되었을 것입니다. 서로의 소중함을 다시 한번 느끼고, 마음껏 놀며 행복을 만끽하는 아이들의 모습은 그야말로 혁신학교 교육의 꽃이었습니다!

제가 이 아이들과 함께한 시간, 저는 이 활동들을 통해 아이들이 단순히 지식만 배우는 것이 아니라, 서로의 소중함을 알고, 스스로 생각하고 행동하며, 더 나아가 세상과 더불어 살아가는 방법을 배우는 모습을 보았습니다. 우리 아이들은 그렇게 자신만의 속도로, 자신만의 빛을 발하며 찬란하게 성장해 나가고 있습니다. 이 아이들의 성장을 가장 가까이에서 지켜보며 저 역시 함께 성장할 수 있었음에 감사합니다.

2. 학생을 품은 하루, 교사가 되어 간다

교사 배세리

첫인상 "모두의 시선이 학생에게로"

올해 저는 대산중학교에 새로 부임한 교사입니다. 늘 안정적인 직장을 꿈꿔왔지만, 3년간 두 학교를 거치며 마음 한켠엔 지친 감정이 쌓여 있었습니다. 새로운 학교에 대한 기대보다는 '또 다른 학교는 어떨까……' 하는 막연한 불안이 더 컸던 것도 사실입니다.

그렇게 충분한 휴식도 누리지 못한 채 맞이한 '2025 함께 만들기 교육주간'. 그날 저는 신선한 충격을 받았습니다. 모든 교직원이 학생 명단 속 이름 하나하나를 불러가며, 특별사항과 가족관계, 지도 시 유의점에 대해 진지하게 논의하는 모습이 인상 깊었습니다. '이 학교는 왜 이렇게까지 학생들에게 관심이 많지?'라는 물음이 떠올랐습니다.

그간 경험한 학교들 중, 규모와 상관없이 이렇게 학생에게 깊이 애정을 쏟는 곳은 없었습니다. 어느새 저도 그 분위기에 스며들어, 아이들 이름 옆에 메모를 덧붙이며 학생 한 명 한 명을 마음속에 새기고 있었습니다. 나중에서야 알게 된 사실이지만, 대산중은 이 지역 출신의 선생님들이 많고, 이들이 학교에 대한 애정과 주인의식을 갖고 아이들을 진심으로 대하고 있었습니다. 또한 새로 오신 선생님들을 따뜻하게 맞이하는 분위기 속에서 교직원의 시선은 자연스럽게 학생에게로 향하게 되었고, 그것이 곧 학교의 문화로 자리 잡고 있음을 느낄 수 있었습니다.

나도 처음, 학생들도 처음

교사 경력이 있었지만 담임은 처음이었습니다. 수업과 업무만으로도 벅찬데, 학급을 책임져야 한다는 이야기에 도화지를 까맣게 칠하는 것 같은 막막한 기분이었습니다. 생활기록부 작성부터 학생 지도, 학급 운영 등 기본적인 것도 제대로 배운 적이 없었고, 담임에 대한 부담감은 이전 학교들에서부터 각인되어 있었습니다. 담임의 관심에 따라 학급 분위기가 달라지고, 그 여파가 다른 선생님들께까지 미친다는 것을 경험으로 알고 있었기 때문입니다.

'잘할 수 있을까?'라는 의구심도 들었지만, 하나는 분명했습니다. "최선을 다하자." 이 마음으로 시작했습니다. 입학식 전, 교실 물건들을 정리하고 닦았으며, 입학식 당일엔 아이들 한 명 한 명을 반갑게 맞이했습니다. 그리고 무엇보다 불안한 마음이 클 부모님들께 "자녀를 중학교에 입학시키며 걱정이 많으시겠지만, 안전한 학교를 만들기 위해 노력하겠습니다"라는 말을 꼭 전했습니다.

시간표와 급식표를 보기 좋게 정리해 교실에 부착하고, 인솔할 땐 번호순으로 줄을 서도록 하여 질서의 중요성을 자연스럽게 익히게 했습니다. 아이들 역시 중학교 생활이 처음이라 긴장했는지, 잘 따라주었습니다. 그렇게 작고 성실한 행동 하나하나가 쌓여 신뢰를 만들었고, 저도 아이들도 서로에게 마음을 열 수 있었습니다. 까맣던 도화지 위에 아이들이란 별이 하나둘씩 떠오르며, 제 마음속 하늘을 밝게 비춰주고 있었습니다.

계속되는 고비 함께 넘기기

3월의 정신없는 시간이 지나고, A라는 여자아이가 제 눈에 들어오기 시작했습니다. 장난을 치며 선을 넘을 듯 말 듯하는 모습이 보여 조심스럽게 관찰하던 중, 결국 다른 선생님들 사이에서 A에 대한 이야기가 돌기 시작했습니다.

첫 번째 사건은 수업 중 A가 B의 뒷얘기를 하면서 수업 분위기를 흩트렸다는 것이었습니다. A와 B를 불러 상담하며 관계의 내막을 들여다보니, 과거 서로 뒷말을 주고받아 어색해진 사이였고, 사실 A는 B와 다시 친해지고 싶은 마음이 있었습니다. 중재를 통해 오해를 풀고, A는 B에게 사과하며 화해의 손을 내밀었습니다. 그 모습 속에서 저는 '자신의 잘못을 인정하고 사과할 줄 아는 멋진 아이' A를 보았고, "먼저 사과할 줄 아는 모습, 정말 멋있다"고 진심을 전했습니다.

그날 이후 A는 저를 신뢰하는 듯 보였습니다. 그러나 '수업 중 말대꾸', '또 다른 뒷말' 등 크고 작은 사건은 계속 이어졌고, A와 관련된 일이 여섯 번쯤 반복되었습니다. 중재자의 역할을 하며 때로는 지치기도 했지만, 책임감 있게 자신이 맡은 역할을 해내는 A의 모습, 어머니에게 사랑한다고 표현하는 따뜻한 말투, 친구들 앞에서 유쾌하게 농담하는 밝은 에너지를 떠올리며 저는 쉽게 포기할 수 없었습니다.

때로는 A가 "저는 싸가지 없으니까요"라며 스스로를 낮춰 말하기도 했습니다. 그럴 때마다 저는 A의 장점을 하나하나 인지시켰고, 마음에 들지 않는 상대라도 어떻게 말해야 하는지에 대해 피드백을 주었습니다. 그 후로 A는 놀랍도록 달라졌고, 주변 선생님들도 "요즘 A가 참 좋아졌다"고 말씀하기에 이르렀습니다.

지금 A는 교실에서 저를 보면 "선생님, 사랑해요!"라고 말해주는 아이입니다. 가끔은 칠판에 제게 전하는 응원의 글을 남기기도 합니다. 그 아이가 변화하는 과정을 함께하며, 저는 참 많은 걸 배웠습니다. A는 제 마음속 평생 남을 제자입니다. 그리고 저도 A와 우리 반 아이들의 기억 속에 오래도록 남는 선생님이고 싶습니다.

학부모 입장 되어보기

교장 선생님께서 첫 만남에서 하신 말씀이 기억납니다. "대산중에 대한 인식이 좋아지면서 입학생이 줄지 않고 있다." 이 말을 들으며, 저는 이 학교가 학생뿐 아니라 학부모의 입장도 중요하게 여긴다는 것을 느꼈습니다. 저 역시 학부모라면 자녀가 다니는 학교에 대한 인식이 긍정적이라면, 지인들에게 추천하고 싶은 마음이 들 것 같았습니다.

무엇보다도 학부모의 인식은 자녀에게 직간접적인 영향을 주기 때문에, 학교와 학생 모두를 위해서라도 학부모님과의 관계는 중요하다고 생각했습니다. 그래서 저는 학기 초, 3월부터 전화상담을 시작했습니다. 아이에 대해 걱정되는 부분이 있는지 여쭙고, 함께 해결 방안을 찾아 빠르게 조치했습니다. 예를 들어, 자녀가 낯을 많이 가린다면 모둠 활동을 통해 자연스럽게 친구들과 어울릴 수 있도록 했습니다.

또한, 아이에게 무슨 일이 생기면 즉시 연락드렸습니다. 한 번은 학생이 휴대폰을 분실했을 때, 바로 부모님과 버스 회사에 전화해 찾아드린 적도 있습니다. 그리고 하이클래스 앱을 활용해, 학급 행사와 학교 활동을 사진과 글로 정리하여 매달 공유했습니다. 제한된 만남을 넘어 진심을 전달하고, 신뢰를 쌓아가기 위한 작은 노력들이었습니다.

학생 입장 되어보기

학창 시절을 돌아보면, 가장 기억에 남는 선생님은 무서울 땐 무섭고, 평소엔 아이들과 추억을 많이 나누던 분이었습니다. 담임이라도 단지 수업과 종례만 하시는 분들과는 달리, 그 선생님은 우리 반에 진심을 쏟아주셨기에 더욱 오래 기억에 남았던 것 같습니다.

저도 그런 선생님이 되고 싶었습니다. 담임을 처음 맡은 만큼 더 열심히, 더 진심으로 아이들과 관계 맺고 싶었습니다. 그래서 매달 새로운 활동을 계획해 아이들과의 추억을 쌓았습니다. 먼저, 아이들의 고민과 생활, 가정환경을 파악하기 위해 2개월마다 상담을 진행했습니다. 이를 통해 장학금 대상자를 추천하거나, 필요한 지원을 연결하기도 했습니다.

한 달에 한 번 학급회의를 열어, 우리 반의 불편한 점을 서로 이야기하며 해결책을 함께 만들었습니다. 반장, 부반장과 학기별로 두 번 정도씩 식사하며 반을 이끌어 가는 데 어려움은 없는지 확인했습니다. 서로 친밀해진 시점엔 학급 단합대회를 열어 요리하고, 게임을 하며 더 깊은 유대를 만들었습니다. 마니또 활동도 진행하여, 가까워지기 어려웠던 친구들 간에도 정이 싹트는 계기를 만들었습니다.

만난 지 100일이 되는 날에는 수업 시간에 마피아 게임을 하며 웃음을 나눴고, 스승의 날에는 모든 선생님께 감사 편지를 쓰도록 했습니다. 그 결과, 선생님들 사이에서 우리 반에 대한 좋은 인식이 자연스레 생겨났습니다.

그리고 '포도알 모으기' 활동을 통해 반 전체가 함께 노력하도록 유도했습니다. 예를 들어, 5개 모았을 때, 전원 청소 면제 및 과자 파티 등의 보상을 마련하여, 친구들 모두가 협력하고 배려하는 분위기를 만들어갔습니다. 반 분위기를 좋게 만들고, 그 안에서 아이들이 안전하고 행복하게 자랄 수 있도록 저는 오늘도 아이들 곁에 있습니다.

함께한 시간, 남겨진 마음

혁신학교인 대산중학교에서의 시간은 그 자체로 하나의 선물이었습니다. 아이들과 함께 웃고 울며 만들어낸 일상의 조각들은 소중한 추억으로 남아, 마음 깊이 간직될 것입니다. 지금 이 순간도 교실 어딘가에서는 또 다른 따뜻한 이야기가 피어나고 있을 것 같습니다. 저는 이 작은 교실에서 서로에게 배우고, 함께 행복해지고 있습니다.

자연과 어우러진 우리 학교

1. 자연에서 발견하는 아름다움

교사 지정숙

학교 숲에서 작품 하기

작년 가을, 학교 숲이 완성되던 시기에 미술 수업 시간에 날씨가 좋아서 아이들과 함께 야외 수업을 하기로 계획했습니다. 아이들은 야외로 나갈 때 부담을 느끼기보다 오히려 쉬는 시간이나 점심시간처럼 편안한 마음으로 자연스럽게 느끼고, 그런 편안함이 자연에 쉽게 적응하게 하는 데 큰 도움이 되었습니다. 이로 인해 아이들의 생각이나 행동이 자연스럽게 흘러가게 되고, 마치 몸과 마음이 하나가 되는 듯한 느낌이 들었습니다. 그냥 걷기만 해도 무언가를 느끼고 생각하며 표현하는 과정이 자연스럽게 이루어지고, 사진을 찍는 활동도 마치 산책하듯이 느껴졌습니다. 교실을 벗어나 숲길을 걷는 미술 시간이 아이들에게 힐링이 되는 특별한 시간이 되었고, 자연 속에서의 활동이 주는 편안함과 자유로움이 아이들의 마음을 열게 하는 것 같습니다.

처음에는 숲 생태공원 수업이 단순히 창의성을 키우는 것이라 생각했는데, 오히려 그 수업이 학생들에게 요구되는 긍정적인 요소들, 예를 들어 자기 표현력이나 자연에 대한 이해, 그리고 마음의 안정 같은 것들도 함께 길러준다는 것을 알게 되었습니다. 자연 속을 걷는 아이들은 금세 편안한 마음 상태로 바뀌고, 자연에 조금씩 적응하면서 자신만의

▲ 돌탑　　　　　▲ 솔방울 하트

생각과 감정을 자유롭게 펼치기 시작했습니다.

예를 들어 크기가 다른 돌들을 모아 돌탑을 쌓거나, 비슷한 모양의 돌을 찾아 돌 하트를 만들어보는 활동은 아이들의 창의력과 자유로운 발상을 자연스럽게 이끌어냈습니다. 또 솔방울을 모아 하트 모양을 표현하는 것도 마찬가지로 아이들의 상상력과 표현력을 키우는 좋은 활동입니다. 걷기 시작하면서 대상에 대한 생각이 느슨하게 열리기 때문에, 포괄적이고 소극적인 집중이 자연스럽게 이루어지고, 이 과정에서 아이들은 자연스럽게 자신만의 감각과 생각을 확장하게 되는 것입니다.

이처럼 숲에서의 활동은 단순한 미술 수업을 넘어, 아이들이 자연과 하나가 되어 자신을 표현하고, 마음의 평화를 찾으며, 창의성과 집중력을 자연스럽게 키우는 소중한 경험이 되는 것 같습니다.

아이들과 함께 우리 학교 식물 그리기

1학년 미술 시간, 우리는 교실을 벗어나 생태숲 공원으로 나가기로 했습니다. 자연 속에서 내가 좋아하는 꽃이나 나무, 돌 같은 것들을 찾아보고, 그 모습을 스케치한 후 물감으로 채색해보는 수업을 계획했습니다. 아이들은 처음엔 조금 낯설어했지만, 곧 주변을 둘러보며 천천히 자신이 좋아하는 것을 찾기 시작했습니다. 꽃잎의 색을 유심히 살펴보거나 나뭇잎의 모양을 손끝으로 만져보는 등 아이들은 자신만의 속도로 자연에 다가가기 시작했습니다.

▲
숲 생태공원 봄
◀
금계국

　각자 마음에 드는 꽃을 찾아 사진을 찍고, 이름이 무엇인지 궁금해
하며 알아보기도 했습니다. 코끝에 꽃을 가져다 대고 냄새를 맡아보며
"이 꽃은 달콤한 향이 나요", "이건 냄새가 없어요" 하고 이야기 나누는
모습이 참 사랑스러웠습니다. 처음에는 걷는 것도 서툴러 보이던 아이
들이 자연 속에서 몸을 움직이며 점점 익숙해졌고, 흙길과 나무 사이를
자유롭게 오가며 흥미를 느끼기 시작했습니다.

　자연과 만나는 이 수업에서 아이들의 발상은 때로는 갑자기 떠오르
는 창의적인 아이디어로 시작되기도 했고, 때로는 자연이 먼저 말을 거

는 듯 아이들이 그것에 반응하며 수동적으로 이루어지기도 했습니다. 자연이라는 공간이 아이들에게는 새로운 자극이자 놀이터였고, 그 안에서 아이들은 신세계를 만난 듯 눈을 반짝이며 움직였습니다. 자유롭게 걷고 관찰하며, 이전에는 보지 못했던 자연의 모습을 하나씩 발견해가는 그 순간들이 아이들에게는 예술적 발상의 씨앗이 되었습니다.

그중에서도 노란 금계국 사이에 빨간 양귀비꽃이 한송이 피어 있는 모습을 발견했을 때, 아이들은 마치 보물이라도 찾은 듯 환호했습니다. "이 꽃은 특별한 것 같아요", "가운데에 혼자 있어서 더 예뻐 보여요" 하며 각자의 느낌을 나누고, 다 함께 사진을 찍으며 그 장면을 기억에 담았습니다. 꽃의 이름을 다시 확인하고, 자신이 찍은 사진에 어울리는 제목을 정해보며 표현의 폭을 넓혀보는 활동도 이어졌습니다.

이런 활동을 통해 아이들은 자연과 예술을 이어주는 다리를 하나씩 건너기 시작한 듯 보였습니다. 단순히 그림을 그리는 것이 아닌, 자연을 느끼고 그것을 표현하는 과정을 통해 미술 수업이 보다 살아 있는 경험으로 다가왔습니다. 다음 시간에는 이번 활동에서 느낀 점들을 바탕으로, 조금 더 다양한 방식으로 수업을 구성해 보기로 했습니다. 아이들이 자연 속에서 느꼈던 감정과 발견을 좀 더 풍부하게 표현할 수 있도록, 미술과 자연, 감성과 사고가 유기적으로 연결되는 수업을 만들어가려 합니다.

신선한 자연을 접하며 느끼는 안정감

생태숲에서 미술 활동을 하고 있는 아이들을 바라보며 문득 제 어린 시절이 떠올랐습니다. 그 시절은 지금처럼 풍족하지도 않았고, 특별한 놀잇감도 많지 않았지만, 자연과 함께했던 그 순간들은 마음속에 따뜻하게 남아 있습니다. 어릴 적 우리는 장난감보다 돌멩이 하나, 나뭇가지 하나로도 충분히 재미있는 놀이를 만들어냈고, 들판이며 산으로 뛰어다니며 하루 종일 소꿉놀이를 하곤 했습니다. 계절 따라 피는 들꽃들, 봄이면 온 산을 물들이던 진달래꽃, 그리고 그 자연을 배경 삼아 친구들과 웃고 떠들며 보냈던 나날들은 지금도 잊을 수 없는 소중한 기억으로 남아 있습니다.

특히 진달래꽃은 제게 아주 특별한 존재입니다. 봄이면 연분홍으로 물든 산자락을 바라보며 마음이 설레고, 꽃잎을 조심스레 따서 놀이에 활용하거나 살짝 맛을 보던 그 순간들 하나하나가 지금도 생생합니다. 아마도 진달래를 보면 지금도 마음이 포근해지는 이유는 그 꽃이 담고 있는 저의 어린 시절, 자연과 함께했던 평화롭고 순수한 시간이 떠오르기 때문일 것입니다. 아무 걱정 없이 해가 질 때까지 자연 속에서 놀다 보면 하루가 어떻게 흘러갔는지도 모를 만큼 시간이 빠르게 지나가곤 했습니다.

그 시절의 자연은 저에게 놀이터이자 교실이었고, 친구이자 위로였습니다. 그런 경험이 있어서일까요. 지금도 자연 가까이에 있을 때면 그 시절의 따뜻한 기억들이 되살아나며 마음이 한결 편안해지는 것 같습니다. 생태숲에서 활동하는 아이들을 보면, 이 아이들 또한 잠시나마 도시의 분주함과 학업의 스트레스에서 벗어나, 숲의 품에서 자유롭게 숨 쉬고, 마음껏 뛰놀며 자신만의 이야기를 만들어가는 듯합니다.

숲길 양옆으로 활짝 피어 있는 마거리트 꽃 사이를 걸어가며 웃고 떠드는 아이들의 모습은 그 자체로 하나의 그림 같고, 또 하나의 이야기처럼 느껴집니다. 아이들은 그 길을 걸으며 단지 미술 활동을 하는 것이 아니라, 자연과 교감하고, 자기 내면의 이야기를 풀어내고, 동시에 또 하나의 소중한 추억을 쌓고 있는 것 같습니다. 그 순간만큼은 교실 안의 사각의 틀을 벗어나, 자연이라는 넓은 품 안에서 자유롭고 평화로운 시간을 보내고 있는 것이지요.

그런 모습을 지켜보며 문득 생각합니다. 아이들이 이렇게 자연 속에서 자신을 표현하고, 마음껏 놀고, 숨을 쉬는 시간이야말로 진정한 배움의 순간이 아닐까 하고요. 그리고 저 또한 그들의 모습 속에서 오래전의 나를 만나고, 잊고 있던 순수함과 여유를 다시 떠올리게 됩니다. 그렇게 아이들과 함께, 그리고 자연과 함께하는 시간은 오늘도 조용히 제 마음 한편을 따뜻하게 채워줍니다.

자연 미술 하기

자연 미술은 말 그대로 자연 속에서 태어나고, 자연을 닮아가며, 그 자체로 완전하고도 자연스러운 예술의 형태입니다. 학생들이 자연 미술 수업을 통해 마주한 경험은 단순히 무언가를 '만드는 것' 이상의 의미를 담고 있습니다. 자연은 이미 아름답고 완성된 존재입니다. 하지만 학생들의 발상과 상상력이 더해질 때, 그 완전함 속에서도 인간적인 창조성과 독창성이 한 줄기 빛처럼 스며듭니다.

거의 다 만들어진 듯한 자연물 위에 아주 작은 손길 하나를 얹는 것으로도 완성된 작품처럼 느껴지는 순간, 학생들은 말할 수 없는 완결적 자긍심을 경험합니다. 그들은 그것이 자연이 주는 선물이며, 동시에 스스로가 자연과 함께 만들어 낸 예술이라는 사실에 감동합니다.

발길이 닿는 대로 걸으며, 바람의 방향에 몸을 맡기고, 눈에 들어오는 빛과 색에 마음을 열게 되는 과정에서 자연 미술은 자연스럽게 시작됩니다. 몸과 마음이 이끄는 대로 움직이고, 그 속에서 일어난 감정이나 생각을 따라 무언가를 만들어보는 시도 자체가 자연 미술의 근본입니다. 특정한 계획 없이 숲속을 걷다가 발견한 나뭇가지, 나뭇잎, 혹은 우연히 만난 돌멩이 하나가 예술이 되는 순간은 바로 그 자리, 그 시간의 조건과 상황이 만들어 낸 작품인 것입니다.

자연 속에서 오래 머무르다 보면, 처음엔 보이지 않던 것들이 서서히 눈에 들어옵니다. 한참을 바라보면 나뭇잎의 결, 나무 그림자가 땅에 그려놓은 선의 패턴 이런 것들이 마음에 차분히 쌓이면서 말갛게 떠오르는 생각들이 생기고, 그 생각이 눈앞의 자연 사물에 얹히며 비로소 예술적 영감으로 피어납니다. 그래서 자연은 그대로도 아름답지만, 관찰자의 시선과 마음이 함께 얹힐 때 비로소 '미술'이 됩니다.

학생들은 숲 생태공원에서 이루어진 자연 미술 수업에서 그러한 과정을 체험했습니다. 처음에는 미술이라는 것이 준비된 재료로 무언가

▲

애벌레   수국 하트

를 만들고, 정해진 형태를 완성하는 것이라 생각했지만, 수업이 진행될수록 그것이 전혀 다른 차원의 즐거움과 발견의 경험임을 깨닫게 되었습니다. 예를 들어, 어떤 학생은 숲을 걷다가 문득 재미있는 모양의 돌하나를 발견했고, 그 돌을 이리저리 돌려보며 그 속에서 얼굴이나 동물모양을 떠올렸습니다. 다른 학생은 꽃 앞에 잠시 멈추어 서서, 꽃잎 위에 작은 나뭇가지를 얹어보며 그 조화에서 나름의 이야기를 만들어냈습니다. 사진을 찍고, 그 순간의 느낌을 나누는 과정에서 자연 미술은 더욱 확장되어갔습니다.

그러한 활동은 학생들에게 새로운 시선을 열어주었습니다. 자연 미술은 완성된 형태나 결과물을 중시하기보다는 과정과 경험, 그리고 그 순간의 감정과 관찰을 중요하게 여깁니다. 그래서 학생들은 미리 정해진 목적 없이 자유롭게 자연을 탐색하며, '무엇을 만들 것인가'보다는 '지금 이 순간 무엇이 느껴지는가'에 집중하게 됩니다. 이런 수업을 통해 학생들은 일상 속에서도 자연을 새롭게 바라보게 되었고, 길을 걷다가도 평범한 나뭇잎 하나, 그림자 하나에서 새로운 상상과 연상을 경험하게 되었다고 이야기합니다.

자연 미술은 이처럼 누구나 일상 속에서 실천할 수 있는 예술입니다. 특별한 도구나 기술이 없어도, 자연이 곁에 있고 그 안에서 느끼고 표현할 수 있는 마음만 있다면 충분합니다. 자연으로부터 받은 느낌이나 떠오른 생각을 자유롭게 표현하는 것, 혹은 단지 자연 속에서 조용히 머무르는 것만으로도 우리는 특별한 예술적 감흥을 느낄 수 있습니다. 학생들의 경험처럼, 자연 미술은 우리를 보다 깊이 자연과 연결시키고, 창의력과 감수성을 일깨우는 소중한 시간입니다. 그 시간은 작품보다도 더 깊은 울림을 주며, 삶과 예술의 경계를 허물고 우리 모두를 자연 속 예술가로 만들어줍니다.

우연한 구름 형태 연상표현

요즘처럼 날씨가 맑고 따뜻한 날에는 교실 안보다 자연 속에서 수업을 하는 것이 더 의미 있는 경험이 됩니다. 오늘은 날씨가 무척 좋아 생태숲 길로 나가 야외 수업을 진행하기로 하였습니다. 숲길을 따라 걷다 보니 학생들도 자연 속에서 더 편안해지고 마음이 열리는 모습이었습니다. 그러던 중 한 여학생이 하늘을 올려다보며 환한 미소를 지으며 말했습니다. "선생님, 저 구름이 꼭 고래처럼 보여요!" 그녀는 그 장면을 사진으로 찍은 뒤, 나중에 자신이 상상한 고래 형태를 그림으로 완성해 수업 시간에 발표했습니다.

이처럼 자연 미술 수업은 학생들에게 단순한 창작을 넘어 상상력과 관찰력을 키워주는 소중한 기회가 됩니다. 수업에서 제시한 주제 외에도 자신만의 해석과 변화를 더해 작품을 완성하는 과정을 통해, 학생들은 자긍심을 갖게 되고 '나는 할 수 있다'는 자신감을 자연스럽게 느끼게 됩니다. 자연 속의 작은 변화 하나하나를 눈여겨보며 살아 있는 것에 대한 관심을 키우다 보면, 그것이 결국 인간에 대한 따뜻한 시선으로 확장됩니다. 자연을 세심하게 관찰하던 눈은 주변 사람들을 더 따뜻하고 정겹게 바라보는 눈으로 바뀌게 되는 것이지요.

또한 이러한 수업은 학생들의 적응력과 창의성에도 큰 영향을 줍니다. 낯설고 새로운 자연의 모습을 마주하면서 점차 그 환경에 익숙해지고, 주어진 조건 속에서 자신만의 표현 방식을 찾아가는 과정은 이들이 세상과 조화롭게 어울리는 방법을 배우는 기회가 됩니다. 자연 미술 활동을 지속적으로 하다 보면, 학생들 스스로 자연을 바라보는 감성적인 시선을 내면화하게 되고, 어느 순간부터는 수업이 없어도 혼자 자연 속에서 미술 활동을 이어가기도 합니다.

이번 수업을 계기로 학생들에게 한 가지 새로운 활동을 제안했습니다. 주말에 가족과 함께 여행을 갔을 때, 또는 등하교를 하거나 체험학습을 나간 날 등 일상 속에서 구름이 많은 날 하늘을 바라보고, 그 구름 속에서 보이는 형상을 사진으로 남겨오는 것입니다. 이후 미술 시간에 그 사진을 바탕으로 자신의 상상력을 더해 작품을 만들어보도록 했습니다. 이 활동을 통해 학생들은 자신의 일상 속에서도 창의적인 시선으로 자연을 바라보게 되었고, 단순히 숙제처럼 받아들이는 것이 아니라 흥미롭고 즐거운 과제로 받아들이게 되었습니다.

이처럼 자연을 가까이에서 체험하고 그 안에서 미술 활동을 하는 경험은 감수성이 예민한 청소년들에게 특히 더 깊은 영향을 미칩니다. 자연을 매개로 한 미술 수업은 단지 예술적 재능을 기르는 것에 그치지 않고, 인성 교육과 정서 순화에도 매우 효과적인 방법이 됩니다. 말로 하기 어려운 감정이나 생각을 자연물과 미술이라는 도구로 표현하면

▲
돌고래
◀
물고기

서, 아이들은 자신의 내면을 들여다보는 법을 배우고, 세상과 소통하는 능력을 키워갑니다.

앞으로도 이런 자연 미술 수업을 계속해서 진행한다면, 학생들은 자연의 아름다움 속에서 자신만의 감성과 창의력을 발견하고, 세상을 더욱 따뜻한 시선으로 바라보는 법을 배우게 될 것입니다. 자연은 그 자체로 훌륭한 교과서이며, 우리는 그 속에서 배움의 기회를 끝없이 찾아낼 수 있습니다. 자연과 함께하는 수업은 학생들에게 오래도록 기억에 남는 배움의 순간을 선물해 줄 것입니다.

혁신학교 다음의 10년을 상상하며

교사 유민정

"학교는 끊임없이 묻고 응답해야 하는 살아 있는 존재입니다."

대산중학교는 그 질문을 지난 10년 동안 성실하게 품고 걸어왔습니다.

어떻게 하면 학생이 행복할 수 있을까? 교사는 어떻게 함께 배우는 동료가 될 수 있을까? 지역과 함께 살아가는 학교는 어떤 모습일까?

그 물음 앞에서 교사들은 수업을 바꾸었고, 학생들은 학교의 주인이 되었습니다. 학부모들은 더 이상 수동적인 협조자가 아닌 교육의 동반자로서 발을 내디뎠습니다. 그렇게 '혁신학교'라는 이름 아래 우리는 모두 함께 배움의 공동체를 만들어 왔습니다.

다시, 새로운 질문을 시작하며

이제 우리는 새로운 문 앞에 서 있습니다.

'혁신학교 다음의 10년', 그 여정은 어떤 모습이어야 할까요?

더 이상 '혁신'이라는 말에만 기대어 머물 수 없습니다. 대산중학교는 미래를 먼저 살아가는 학교, 지역과 연결된 학교, 삶의 힘을 기르는 학교로 나아가기 위한 새로운 상상을 시작하고자 합니다. 학생들은 더 주체적으로 배우고, 스스로 삶을 설계하는 역량을 키울 수 있어야 합니다. AI와 디지털 전환, 급격한 사회 변화 속에서 학교는 여전히 유효한 배움터가 되어야 합니다. 교사는 촉진자이자 동행자로서의 역할을 확장해 가야 하며, 학부모는 공동육아의 협력자이자 지역사회의 연결고리가 되어야 합니다.

구성원들이 바라보는 새로운 10년

대산중학교의 학생들은 앞으로도 지금처럼 다양한 자율동아리 활동, 동아리 발표회, 학생회 중심의 체험행사 등을 통해 자신만의 관심사와 진로를 발견할 수 있는 배움의 기회를 누리기를 바라고 있습니다. 단지 교과 지식의 습득이 아닌, 스스로 무언가를 기획하고 실행해보는 경험을 통해 학교가 '삶의 연습장'이 되기를 기대하고 있습니다. 자신들이 제안한 아이디어가 실제 학교 문화와 운영에 반영되는 과정에서, 학생들은 진정한 민주시민으로서의 첫걸음을 내딛고 있습니다.

교사들은 지난 10년간의 수업 중심 혁신과 전문적 학습공동체의 경험을 바탕으로, 앞으로의 교육 역시 '교실에서부터 시작되어야 한다'는 점을 강조합니다. 배움 중심 수업, 과정 중심 평가, 수업 나눔은 단지 교수법의 변화가 아니라 교사의 정체성과 교육 철학을 함께 성장시켜 왔습니다. 미래 교육의 환경이 어떻게 변하든, 교사가 동료성과 전문성을 바탕으로 함께 고민하고 실천하는 문화가 유지되어야 한다는 데 공감하고 있습니다. 또한 마을과 연계된 교육 활동, 돌봄과 기초학력의 조화를 통해 학교가 모든 아이에게 안전하고 의미 있는 공간이 되기를 바라고 있습니다.

학부모들은 학교의 문턱을 낮춘 경험을 통해, 교육의 주체로서의 자각을 갖게 되었습니다. 독서 토론, 진로 교육, 자율동아리 지원 등 다양한 자율활동에 참여하면서 '학교는 아이뿐만 아니라 부모도 함께 성장하는 공간'이라는 인식을 갖게 되었습니다. 앞으로는 더 많은 학부모가 자발적으로 학교의 활동에 참여하고, 지역사회와 교육이 연결되는 통로가 되기를 소망하고 있습니다. 또한 아이를 키우는 데 완벽함보다 '함께 살아가는 따뜻함'이 중요하다는 철학을 공유하며, 자녀와 함께 배우는 부모로서의 길을 이어가고자 합니다.

남겨진 과제와 열어가야 할 길

혁신학교의 지난 10년은 대산중학교가 학생 중심, 수업 혁신, 민주적 학교 운영, 지역사회와의 협력이라는 키워드를 중심으로 새로운 교육 문화를 실천해온 시간이었습니다. 그러나 교육의 변화는 완결된 상태가 아니라 늘 '진행형'이기에, 지금 우리는 다시 질문해야 합니다.

"그다음은 어떻게 이어갈 것인가?"

첫 번째 과제는 정책적 지속 가능성입니다. 혁신학교가 특정 시기의 정책 사업에 머무르지 않고, 학교 고유의 철학과 실천으로 정착되기 위해서는 제도적 장치와 예산, 행정적 뒷받침이 안정적으로 보장되어야 합니다. 행정의 변화나 인사이동에 따라 학교 철학이 흔들리지 않도록, 학교 구성원 모두가 공유하는 장기적 비전과 실행력이 필요합니다.

두 번째는 교육 불평등 해소와 기초학력 지원입니다. 모두를 위한 배움이라는 목표 속에서도 학력 격차와 돌봄 격차는 여전히 존재합니다. 학생의 배움은 단지 성적의 문제가 아니라, 자존감과 학습 동기, 정서적 안전감과 밀접하게 연결되어 있습니다. 대산중학교가 지속적으로 추진해온 '반딧불이 공부방' 같은 방과 후 맞춤형 학습지원 활동과, 수업 내 개별화된 피드백, 협력 학습 구조의 강화는 앞으로 더욱 체계적으로 확장되어야 합니다.

세 번째는 교사의 전문성과 공동체 문화의 균형 유지입니다. 교사 개개인의 수업 역량이 곧 학교의 경쟁력이라는 점에서, 전문적 학습공동체의 활동은 여전히 학교 혁신의 핵심입니다. 그러나 이 과정이 특정 소수의 헌신이나 자발성에 의존하지 않도록, 학교 차원의 시간 구조,

행정 지원, 수업 나눔의 문화가 제도화될 필요가 있습니다. 또한 교사들의 삶과 업무 균형을 고려한 협업 구조 설계도 요구됩니다.

네 번째 과제는 지역사회와의 진정한 협력 관계 구축입니다. 지금까지는 학교가 지역의 자원을 활용하는 형태가 많았다면, 앞으로는 학교가 지역사회와 함께 기획하고, 공동의 문제를 해결하는 학습 기반 지역 협력체계로 나아가야 합니다. 마을 교사, 학부모, 지역 기관, 청소년 센터 등과 연계한 프로젝트형 수업과 마을 연계 진로 활동은 그 중심에 놓여야 할 것입니다.

다섯 번째는 학생 자치의 확장과 실천입니다. 학생회와 대의원회, 학생 참여 예산제, 동아리 자율 운영 등은 분명 의미 있는 성과였습니다. 그러나 모든 학생이 자치에 참여하고, 그 경험을 통해 민주주의를 체화하는 수준으로 이어가기 위해서는 학교 문화 전반에 학생의 의견을 듣고 반영하는 구조가 더 일상화되어야 합니다. 단지 형식적 참여가 아니라, 학생의 제안이 실제로 학교를 바꾸는 경험을 꾸준히 보장해야 합니다.

마지막으로, 급변하는 사회 변화에 대한 대응력 강화가 필요합니다. AI 기반 교육, 디지털 리터러시, 고교학점제, 생태전환 교육 등 미래 교육 의제들이 빠르게 학교 현장에 다가오고 있습니다. 대산중학교는 이에 대한 선제적 대응을 통해, 학생들이 미래 사회에서 스스로를 설계할 수 있는 힘을 기를 수 있도록 해야 합니다. 단순히 도구로서의 기술 교육이 아니라, 삶의 방향성과 가치에 대한 성찰을 함께 담은 미래 교육이 이루어져야 합니다.

이처럼 남겨진 과제는 단지 학교 내부의 문제가 아니라, 우리 사회 전체가 함께 풀어가야 할 공동의 화두입니다. 대산중학교는 그 질문 앞에 다시 선 채, 다음 10년을 향한 첫걸음을 준비하고 있습니다.

희망의 10년을 위하여

우리는 지난 10년간의 혁신을 통해 학교가 달라질 수 있다는 사실을 경험했습니다. 이제는 그 경험을 바탕으로, 다음 10년의 교육을 새롭게 상상해야 할 때입니다.

이제, 혁신을 넘어 실천으로.

이제, 실천을 넘어 지속가능한 문화로.

이제, 학교를 넘어 삶의 공동체로.

대산중학교의 다음 10년은 '함께 걷는 길'로, '함께 가꾸는 배움'으로, 그리고 '함께 살아가는 삶'으로 열어갈 것입니다.

학생이 빛나는 학교, 교사가 성장하는 학교, 학부모와 마을이 함께하는 학교. 그 이름은 여전히 대산중학교입니다.

70년의 삶에 펼쳐진 꽃길,
아이들의 내일이 되다

ⓒ 대산중학교, 2025

초판 1쇄 2025년 10월 22일 찍음
초판 1쇄 2025년 11월 5일 펴냄

지은이 | 대산중학교
펴낸이 | 강준우
인쇄·제본 | 지경사문화

펴낸곳 | 인물과사상사
출판등록 | 제17-204호 1998년 3월 11일

주소 | (04031) 서울시 마포구 동교로 22길 29, 성지빌딩 301호
전화 | 02-471-4439
팩스 | 02-474-1413

ISBN 978-89-5906-817-3 43370
값 20,000원

이 책은 충청남도교육청 혁신학교 기록물 편찬사업의 지원을 받아 제작되었습니다.
수익금이 발생할 경우, 전액 각 학교의 발전 기금으로 활용됩니다.